LA LÉGALITÉ,

DIALOGUE PHILOSOPHIQUE,

PAR

LOUIS VEUILLOT.

PARIS,
A LIBRAIRIE DES LIVRES LITURGIQUES ILLUSTRÉS
DE PLON FRÈRES,
RUE DE VAUGIRARD, 36.

1852

LA LÉGALITÉ.

PARIS. — TYPOGRAPHIE PLON FRÈRES,
Rue de Vaugirard, 36.

LA LÉGALITÉ,

DIALOGUE PHILOSOPHIQUE.

PAR

LOUIS VEUILLOT.

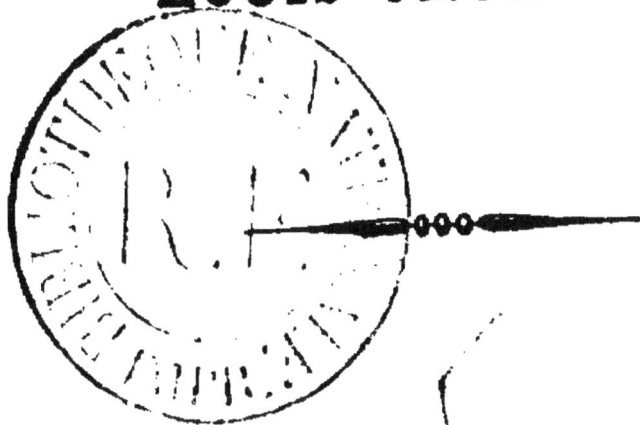

PARIS,

A LA LIBRAIRIE DES LIVRES LITURGIQUES ILLUSTRÉS

DE PLON FRÈRES,

RUE DE VAUGIRARD, 36.

1852

AVERTISSEMENT.

Cet opuscule ne contenait d'a-
bord que les deux premières parties. Il était imprimé, et il allait
paraître en cet état, lorsqu'une révolution vint l'enfermer dans l'ate-
lier. Je n'ai plus besoin d'avouer
que j'ai pris très-aisément mon parti
de ce contre-temps. Je ne pensais
pas que la légalité sous laquelle
nous vivions encore le 2 décembre,
à cinq heures du matin, fût éter-

nelle. La voyant morte, je ne me
sentis point disposé à la pleurer.
Elle nous tuait, on l'a tuée : grand
merci à qui a fait le coup. Voilà ce
que je pensai, sans m'embarrasser
si le même estoc qui lacérait la
Constitution mettait en pièces mon
livre.

Mais on n'oublie pas à jamais un
livre dont on est l'auteur, surtout
lorsqu'il n'a point paru. Après deux
mois, j'ai pensé que mon écrit
pourrait voir le jour. Il n'est de cir-
constance que par son titre. La
légalité et toutes les idées que ce
mot éveille parmi nous, y sont con-
sidérées d'un point de vue plus

haut et plus général que le fait trop
simple et trop ordinaire d'une révolution. Il n'y est pas question de
telle ou telle révolution en particu-
lier, pas plus de 1851 que de 1848,
1830 ou 1789, mais du principe
générateur de toutes ces révolutions à la fois. Le problème examiné est de savoir ce que peut pro-
duire le droit purement humain, la
légalité révolutionnaire, substitué
à la légalité qui dérive directement
de la loi de Dieu. Assurément, ce
problème est toujours digne d'é-
tude. Aucun aruspice politique n'en
a trouvé le mot dans les entrailles
des victimes humaines que la con-

troverse a fait immoler depuis
soixante ans.

Je ressuscite donc mon livre.
Je le donne tel que je l'avais écrit
il y a trois mois, sans craindre d'ir-
riter des blessures qui n'étaient pas
faites alors, et où, dans tous les
cas, je ne suis pour rien. Loin de
moi en ce moment toute intention
de combat. Je ne veux pas lancer
aux vaincus ou à ceux qui croient
l'être un trait inutile; je ne voudrais pas davantage ajouter à l'hu-
miliation de ceux qui se trouvent
humiliés. Mais enfin, malgré le grand
événement du 2 décembre, — que
j'apprécie fort en qualité de fait con-

tre-révolutionnaire, — ni le rationalisme libéral n'est détruit, ni le socialisme n'est mort, ni la révolution n'est terminée. Le péril de la civilisation est moindre et moins prochain que tout le monde le voyait; il existe encore, et tout le monde le voit encore. C'est ce péril seulement que j'ai en vue; c'est contre ce péril que j'avais voulu et que je veux prémunir mes lecteurs. Je crois le moment opportun. Quel bon moment pour jeter les vérités par les fenêtres, quand les démonstrations courent les rues !

Je n'ai pas su résister au plaisir de prendre au passage une de ces démonstrations vivantes et, si j'ose ainsi parler, toutes chaudes. Elle m'a fourni un épilogue où j'ai ramené comme prisonnier temporaire et compagnon de cellule de mon principal interlocuteur, communiste condamné, le personnage politique qui l'interroge pour son instruction personnelle dans la première partie. On trouvera, je l'espère, qu'en cela comme en tout le reste, je n'ai pas trop forcé la fiction.

Et puisque les grands événements dont nous avons été les témoins ont abouti à me faire écrire une préface, je profite de l'occasion pour déclarer que je ne suis pas seul auteur de ce petit ouvrage. Un savant prélat étranger m'en a fourni l'esquisse. Je souhaite ne l'avoir pas trop affaiblie. Le plan de l'architecte était bon. Si l'édifice est chétif, la faute en est à l'ouvrier.

10 février 1852.

LA LÉGALITÉ,

DIALOGUE PHILOSOPHIQUE.

I.

Il n'y a pas longtemps que la police d'un de nos départements du centre fit une capture importante. Elle mit la main sur le chef d'une bande dont les opérations, tantôt politiques, tantôt commerciales, jusque-là couronnées de succès, inquiétaient tout à la fois la paix et la fortune publiques. Ce

chef passait pour n'être pas un malfai-
teur ordinaire. Il agissait, disait-on,
par principes philosophiques, se regar-
dant comme un réformateur plutôt que
comme un brigand. Il était au courant
des idées modernes, il avait conspiré,
il entretenait encore des relations plus
ou moins directes avec tous les aven-
turiers qui ont la main dans les affaires
de l'Europe, et il prétendait bien s'ouvrir un jour la carrière du gouvernement.

Un magistrat administratif d'un ordre élevé eut la curiosité de question-
ner ce penseur dangereux. Il le fit
venir dans le cabinet du directeur de
la prison. Le premier aspect du prisonnier l'étonna. C'était un homme de

quarante ans, vigoureux et bien fait,
très-convenablement vêtu à la bourgeoise, l'œil intelligent, la physionomie
rassurée et même hardie, mais pas précisément impudente, n'ayant enfin rien
de rouge, qu'une épaisse barbe noire.
A le rencontrer aux environs du Palais-
Bourbon (vieux style), on l'aurait pris
pour un de ces avocats du Midi qui
viennent faire des lois dans cet en-
droit-là.

Le magistrat, homme de mérite
cependant, se sentit presque embar-
rassé devant ce sectaire pacifique et
superbe. Il lui aurait voulu un autre
habit, une autre figure et un peu plus
d'émotion. Il éprouva le besoin d'éta-
blir sa supériorité, et commença d'un

air et d'une voix sévères :—Vous avez
été arrêté cette nuit, lui dit-il, au
moment où vous alliez faire un mauvais coup? — Oui, répondit l'autre ;
le hasard m'a fait tomber dans vos
mains. Un jour, vous pourrez tomber
dans les miennes. — Vous êtes inso-
lent, reprit le magistrat ; je vous avertis
que vous ne gagnerez rien à jouer ce
personnage. Comment vous nommez-
vous? — Je n'ai plus de nom, répliqua
l'homme. Mes compagnons me dési-
gnent par ma dignité. — Quelle dignité? demanda le magistrat. — Issu
du suffrage universel, dit le personnage,
on me nomme l'*Élu*.

De plus en plus étonné, le magistrat
voulut savoir jusqu'où irait l'audace du

prisonnier. Au lieu de l'interroger sur les faits qui avaient motivé son arrestation, il se laissa entraîner à une sorte de discussion philosophique dont on va lire le procès-verbal, dressé par un scribe aposté à dessein. Je crois que cette pièce ne manquera pas d'intérêt pour ceux qui voudraient comprendre quelque chose au temps où nous vivons. Je l'adresse spécialement aux maîtres de l'époque, et je leur dis comme M. Proudhon, le dernier et le plus conséquent de leurs docteurs : *A vous, bourgeois !*

LE MAGISTRAT.

Vous prétendez tenir votre titre du suffrage universel ?

L'ÉLU.

Très-certainement.

LE MAGISTRAT.

Je ne vous crois pas fou, et je veux bien écouter tout ce qu'il vous plaira de dire. Expliquez-moi comment la société a pu donner un titre quelconque à un individu qu'elle ne connaît pas.

L'ÉLU.

Votre société ne me connaît pas ;

mais je suis connu dans la mienne. Il
va sans dire que mes commettants ne
sont pas les vôtres.

LE MAGISTRAT.

Et quels sont vos commettants ?

L'ÉLU.

Je ne les nommerai point ; ce serait
mal et maladroit. Ils auront assez de
peine à me délivrer.

LE MAGISTRAT.

Vous espérez qu'ils vous délivre-
ront ?

L'ÉLU.

J'en suis sûr. Je puis vous dire
cela.

LE MAGISTRAT.

Ainsi, vous êtes à la tête d'une société secrète. Comment est-elle organisée ?

L'ÉLU.

Comme toute société; comme la vôtre. Des individus s'étant réunis se font une constitution, s'imposent des lois, se donnent un chef. Le chef commande, la foule obéit. Rien de plus simple.

LE MAGISTRAT.

Où siége votre société?

L'ÉLU.

Elle n'est pas attachée à tel ou tel

lieu. La société des propriétaires est du pays qu'elle possède ; la mienne suit ses intérêts partout. L'idée qui lui sert de base n'est pas fermée comme vos jardins : je ne lui ai donné ni murs ni frontières.

LE MAGISTRAT.

Voyons ; nous ne sommes pas ici pour faire des théories socialistes. Il faut que je sache qui vous êtes, et de quelle industrie vous vivez.

L'ÉLU.

Je suis votre prisonnier, voilà tout ce que vous pourrez savoir ;... à moins pourtant que je ne découvre en vous quelque désir sincère d'entrer dans ma compagnie.

LE MAGISTRAT.

Laissez là ces fanfaronnades ; elles ne vous serviront pas devant la justice

L'ÉLU.

Je n'attends ni ne veux rien de votre justice.

LE MAGISTRAT.

Ne vous engagez pas à poser en héros. La prison porte conseil. Devant la justice, de plus fiers que vous ont fini par où ils auraient dû commencer, par le respect.

L'ÉLU.

Nous verrons bien. Mais, sauf les conseils de la prison, je n'accorde pas que je vous doive le respect. A quel titre m'êtes-vous supérieur? Par la force? Vous ne le pensez pas. Par l'intelligence? Il faudrait que nous eussions causé quelque temps. Par la fortune? La fortune sera une infériorité lorsqu'il faudra rendre.

LE MAGISTRAT.

Vous ignorez qui je suis.

L'ÉLU.

Qui que vous soyez, vous n'avez qu'un rang secondaire dans votre nation. Moi, je suis le premier dans la mienne. Mon pouvoir, plus élevé que le vôtre, n'est pas plus contestable. Je suis ce que je suis du même droit que vous ce que vous êtes.

LE MAGISTRAT.

Du même droit !

L'ÉLU.

Pour le moins.

LE MAGISTRAT.

Savez-vous que c'est au peuple lui-même que remonte mon autorité ? Au peuple, à qui appartient imprescriptiblement toute souveraineté, et qui seul en ce bas monde peut vouloir d'une manière absolue.

L'ÉLU.

Oui, citoyen, c'est au peuple que nous devons, vous et moi, le pouvoir de commander, chacun dans notre sphère. Maître de lui-même, le peuple fait des rois, des empereurs, des présidents de république, et les défait quand bon lui semble, ainsi que tout ce qu'ils ont fait en son nom. Il se fait gouverner à son gré. S'il lui prenait fantaisie de n'être point gouverné du tout, l'anarchie serait la suprême loi. Nous sommes donc, vous et moi, des puissances légitimes.

LE MAGISTRAT.

Doucement. Je crois qu'entre votre

légitimité et la mienne, il y a quelque différence.

L'ÉLU.

Sans doute, et je m'en taisais par courtoisie. Votre légitimité n'est qu'une délégation ; la mienne émane en ligne directe des électeurs, c'est-à-dire du souverain.

LE MAGISTRAT.

Mes électeurs sont le peuple ; les vôtres une troupe de brigands.

L'ÉLU.

Voulez-vous que nous mettions aux voix la question de savoir si les brigands ne seraient point ceux qui ont réussi par la force et la ruse à s'approprier la terre, qui appartient à tous, et le pouvoir, qui doit venir de tous?

LE MAGISTRAT.

Je vois que vos opérations vous laissent le temps de lire les journaux.

L'ÉLU.

Je fais mes opérations parce que je raisonne. Quant aux lectures, je me contente de méditer votre constitution. Dites-moi, citoyen fonctionnaire, en bonne logique, pourquoi votre peuple serait-il plus souverain que le mien? Y a-t-il un signe à quoi l'on reconnaisse les hommes nés pour gouverner? La nature imprime-t-elle des patentes do président, do magistrat, d'électeur sur le front do certains hommes privilégiés ?

LE MAGISTRAT.

La nature ne *marque* personne ; mais la société quelquefois le fait. Il serait possible que vos électeurs...

L'ÉLU.

Monsieur, vous devez comprendre que nous n'en sommes pas à tenir grand compte des épigrammes. Eh bien ! oui, votre société marquait ses victimes, et j'ai quelques amis qui se glorifient d'avoir subi cette injustice. Nous autres, nous ne marquerons pas, nous effacerons.

LE MAGISTRAT.

Ou vous serez effacés.

L'ÉLU.

Soit. L'unité nationale ne peut comporter qu'un seul peuple dans chaque pays. Point d'État dans l'État ; c'est aussi un de nos principes. Mais je dis que le vrai peuple, le peuple légitime, est le mien. Le vôtre, tôt ou tard, devra vider la place.

LE MAGISTRAT.

Le vrai peuple est là où se trouve le nombre. Là aussi, là seulement, est la source du droit. La majorité dans la nation, dans les assemblées, dans les tribunaux, la majorité partout, c'est la

2.

règle du vrai, du bon, du juste. Le
triomphe de la majorité, voilà la grande
conquête du siècle, le fruit stable de
toutes nos révolutions.

L'ÉLU.

Vous croyez aux majorités, citoyen
fonctionnaire! Vous sauriez donc me
dire où était la majorité après les jour-
nées de Juillet, où elle se cachait au
24 Février et en tant d'autres circon-
stances? Mais j'admets que les majorités soient faciles à constater chez un
peuple de trente-cinq millions d'âmes;
il faudrait prouver que la majorité a le
droit de s'imposer à la minorité. Vous
n'ignorez pas que cette preuve est très-
demandée et très-attendue. Dans quel

code de la nature est inscrit le droit de la majorité? Elle m'opprime, elle me vexe; c'est bien le moins que je sache en vertu de quelle raison je dois lui obéir.

LE MAGISTRAT.

Vous devez lui obéir parce qu'elle est la majorité, et qu'elle l'emporte sur la minorité comme le plus sur le moins.

L'ÉLU.

J'ai déjà rencontré cet argument, et il me paraît mince. Voici ma difficulté. Supposons, monsieur, que nous ne sommes que deux dans quelque vaste coin du monde. Nos opinions sont opposées; pour former une société, il faudra que l'un des deux se soumette à l'autre. Qui deviendra sujet ?

LE MAGISTRAT.

Seul, je n'aurais pas plus de droit que vous. Je ne pourrais donc devenir votre supérieur.

L'ÉLU.

Ainsi, point de majorité, point de droit ?

LE MAGISTRAT.

Non.

L'ÉLU.

Arrive un troisième. Aura-t-il sur moi plus de droit que vous n'en aviez vous-même ?

LE MAGISTRAT.

Non certainement.

L'ÉLU.

Ce troisième s'unit à vous contre moi, vous voilà majorité, et belle majorité, majorité du double sur le simple! Or, il n'y a qu'un instant, vous n'aviez aucun droit sur moi, votre associé n'en avait pas davantage. Quelle miraculeuse transformation s'est donc opérée en vous et en moi, pour que, par le seul fait de votre accord avec un autre, vous et cet autre vous deveniez maîtres, et moi sujet?

LE MAGISTRAT.

La transformation ne s'est pas faite

dans les individus, mais dans le nombre, duquel a pu résulter une majorité.

L'ÉLU.

Remarquez combien cela est inique. Vous n'êtes devenus l'un et l'autre ni meilleurs ni plus intelligents; vous êtes devenus deux, voilà tout; et moi je deviens l'esclave de ces deux individus parce qu'il leur a plu de faire entre eux un pacte quelconque, peut-être de se promettre un crime contre moi. Cela se passe ainsi chez les anthropophages. Deux gaillards de bon appétit font une société contre un troisième qu'ils veulent manger. Vous

êtes magistrat, et voilà ce que vous
trouvez juste!

LE MAGISTRAT.

Vous vous servez du raisonnement
pour étouffer la raison. Les deux qui
se sont réunis n'ont pas de droit sur
vous, puisque vous n'êtes pas lié d'intérêt social avec eux.

L'ÉLU.

Donc, monsieur, vous niez radica-
lement avec moi le droit de la majorité sur la minorité qui refuse de
s'associer ou de se soumettre. C'est
bien; c'est l'oracle du bon sens. Une
société ne possède en effet que ce qui
lui est apporté par les individus dont
elle se compose. Or, aucun d'eux

n'ayant sur son semblable des droits
que celui-ci n'aurait pas donnés, la
société devient ce que vous appelez un
brigandage, si elle allègue des droits
qui n'existent pas. En ce qui me regarde présentement, la conséquence
est nette. Je n'ai pas reconnu votre
société, je me suis déclaré son ennemi,
partant je conserve mon indépendance
et ma liberté. Vous n'êtes ni mon supérieur, ni mon maître, ni mon juge.

LE MAGISTRAT.

Au contraire. Je suis votre juge
par la raison, votre supérieur par la
force; et cette force est légitime, car
c'est la raison d'être des sociétés humaines qui m'en investit. La force est

du côté du nombre, parce que du côté du nombre est aussi la raison. Quand la raison avertit en vain, alors vient la force qui commande et qui exige.

L'ÉLU.

Vous côtoyez là un terrain où nous pourrions aller fort loin, monsieur. Il faudrait chercher ce que c'est que cette raison, toujours divinement assistée de la force pour aboutir à faire des esclaves; et nous tomberions dans les aberrations de la théocratie, dont j'imagine que vous ne voulez pas plus que moi. Causons sans nous attirer les mépris de M. Cousin, et conservons nos principes d'indépendance spirituelle. Un jour ils nous mettront d'accord. Avez-vous le temps d'écouter une petite histoire qui vient à l'appui de ma doctrine sur les majorités?

LE MAGISTRAT.

Dites.

L'ÉLU.

Deux peuples de l'antiquité étaient en présence, comme nous voilà, vous et moi. Il s'agissait de savoir lequel dicterait des lois à l'autre. Pour épargner l'effusion du sang et diminuer les chances du hasard qui préside aux batailles, ils se firent représenter en champ clos, chacun par trois hommes chargés de vider la querelle internationale. L'un de ces peuples, c'était Albe; l'autre, c'était Rome. Le signal est donné. Des trois Romains, deux déjà sont étendus par terre, et leurs trois adversaires restent debout. Si Rome avait eu, comme vous, la dévotion des majorités, elle eût fait cesser le combat, et reconnu le droit d'Albe, représentée dans l'arène par trois contre un. Les maîtres du monde devenaient esclaves. Mais le Romain survivant continua de combattre, et donna la victoire à sa patrie.

LE MAGISTRAT.

Eh bien ?

L'ÉLU.

Eh bien, je pense qu'il faut, comme le Romain, en appeler de la majorité à la ruse, à l'adresse, à la fuite, à la force, à tout ce qui peut promettre le succès. Le droit et le succès, la justice et le fait accompli se donnent la main, et rient des majorités, comme nous en rions présentement nous-mêmes.

LE MAGISTRAT.

Vous croyez trop au triomphe de vos sophismes ; je ne ris pas encore des majorités, et je les tiens toujours pour la véritable source du droit.

L'ÉLU.

Si c'est un parti pris, je n'ai rien à répondre ; mais les têtes philosophiques doivent s'efforcer d'apprécier les choses à leur juste valeur. Comment ! vous avez déchiré les voiles du temple

et forcé la porte du sanctuaire, où tout
le monde disait et croyait que se cachait Dieu, et voilà que vous tremblez, prosternés devant le haillon dont
s'enveloppe cette divinité pouilleuse
qu'on appelle la majorité! Vous ne
pouvez espérer que cette superstition
se maintiendra. La raison, sans cesse
invoquée si haut, en insultera les
ridicules mystères. Supposons que,
changeant subitement d'avis, il vous
plaise de soutenir que le droit est
la prérogative invariable des mi-
norités : ne croiriez-vous pas vous
approcher davantage du vrai? Vous
n'en seriez, suivant moi, ni plus près
ni plus loin, mais vous soutiendriez
une thèse plus plausible. C'est la mi-

norité qui est intelligente, qui juge,
qui gouverne, qui administre, qui do-
mine invinciblement. Elle fait les révolutions, elle dicte les lois, elle tient les
rênes du monde. Mais la majorité, le
grand nombre, la foule, le peuple, en
un mot, qu'est-ce? C'est le trou-
peau piétinant partout sous la verge
du maître, partout se courbant sous les
ciseaux du tondeur! Si le droit est
nécessairement accompagné de la raison, ne le cherchez pas dans la cohue
des majorités. Parmi les peuples qui
se heurtent sur notre sol français, le
moins nombreux pourrait bien être le
plus sage.

LE MAGISTRAT.

Il me paraît que vous niez aussi

l'unité nationale. Vous croyez que la France se divise en peuples ennemis.

L'ÉLU.

Mais, citoyen fonctionnaire, vous le croyez aussi. Quel que soit votre emploi, il consiste à empêcher ces différents peuples d'en venir aux mains. La religion de la majorité est singulièrement travaillée par l'esprit de secte. Ces sectes, je ne peux pas les nommer, c'est une poussière. Dans cette poussière fourmille mon peuple à moi, fraction déjà très-respectable du communisme, et qui se grossit soudainement au premier souffle d'orage et au premier coup de tocsin. Il n'y a pas une de ces sectes, pas un de ces peuples, vous le savez, qui n'aspire à dominer les autres. Subjugués par celui d'entre eux qui a réussi et qui prend le rang de peuple officiel, ils ne perdent pas l'espérance, et ils savent utiliser leur temps. Chacun a ses chefs, sa constitution, ses lois, son budget, ses impôts, son armée; chacun se prépare pour le jour du combat. Ceux qui se croient assurés d'enlever la majorité (honnêtement ou non) réclament le suffrage universel; ceux qui ne comptent pour eux que l'intelligence, la fortune et les intérêts existants, s'appuient sur les intérêts matériels et ne tolèrent que le suffrage restreint; d'autres en appellent à l'audace et à la force. Ils mettent à profit la leçon du Romain,

qui devait vaincre contre trois. Or,
monsieur, tant d'ennemis en présence,
l'arme au bras, finiront par s'aborder.
A qui sera la victoire? — Au gros bataillon? — Mais, d'abord, où est le
gros bataillon? Et puis la victoire est
capricieuse et se donne quelquefois à
celui qui n'a pas même paru dans le
combat. Robespierre tue Louis XVI :
Bonaparte est vainqueur; Lafayette
renverse Charles X : Casimir Périer
et ensuite Guizot montent sur le trône
avec Louis-Philippe; Thiers et Cham-
bolle jettent Louis-Philippe à bas : ils
travaillent pour Ledru-Rollin; Ledru-
Rollin fait tout trembler : il donne la
majorité à Lamartine, ce qui oblige
Lamartine d'abdiquer dans les mains

de Cavaignac, à qui personne ne son-
geait. Enfin, Cavaignac broie les socialistes sous leurs pavés, et c'est
Louis-Napoléon qui commande... A
votre place, j'aurais des doutes sur le
maniement des majorités.

LE MAGISTRAT.

Et vous qui doutez de la force des
majorités, vous croyez assez aux mi-
norités, même inaperçues, pour espérer que votre heure viendra?

L'ÉLU.

Le dieu Majorité a aussi son Sa-
tan, que l'on ne connaissait pas
jadis, et qui s'appelle le *tour de
main*. C'est notre génie tutélaire, à
nous autres. J'espère en lui pour

que mon peuple s'installe à son tour sur la scène en peuple officiel. On nous traite de voleurs, on nous refuse le nom de *parti;* mais, en bonne justice, nous valons les autres, et nous ne demandons, comme tout le monde, qu'à vivre à notre aise, en faisant obéir le reste du genre humain. Je dis plus, personne autant que nous n'a droit à l'empire, par la raison que notre formule sociale est le dernier terme du progrès. On arrive jusqu'à nous par des chemins visibles : on ne peut aller au delà.

LE MAGISTRAT.

Est-il possible que la raison soit outragée à ce point!

L'ÉLU.

Je n'outrage pas la raison, citoyen, et je veux vous faire avouer qu'elle n'a rien à reprendre dans mon système social. Vous-même, vous êtes avec moi plus que vous ne le pensez. Vous voulez en politique le suffrage universel, c'est-à-dire l'expression de la majorité. Pourquoi? C'est que ce suffrage est la formule vraie, la réalisation pratique de la souveraineté populaire : voilà bien votre foi ?

LE MAGISTRAT.

Oui.

L'ÉLU.

Et pourquoi le peuple est-il sou-

verain? Évidemment, c'est parce que
la souveraineté réside dans chacun
des individus qui composent un peuple. Cette souveraineté individuelle
est la prérogative nécessaire attachée
à l'indépendance de la raison humaine.
Si vous la contestez, vous commettez
le plus grand des crimes, et vous
faites la plus grande des folies. Vous
dégradez l'homme par un abus criant
de la force, et vous prétendez constituer le peuple souverain avec un ra-
mas de misérables, dont chacun, pris
isolément, est esclave. Vous me comprenez?

LE MAGISTRAT.

Parfaitement.

L'ÉLU.

Eh bien, à ce principe de la souveraineté individuelle, il y a une conséquence logique qui vous fait reculer encore, mais qui bientôt maîtrisera tout. La voici : je veux que chaque individu, souverain de lui-même, indépendant de tout autre, puisse légalement refuser son suffrage à la société existante, former, à ses risques et périls, une société à lui seul, ou se composer avec qui bon lui semblera une société qui sera libre, si elle le peut, de renverser toutes les autres.

LE MAGISTRAT.

C'est absurde.

L'ÉLU.

Permettez! ce qui est absurde, selon moi, c'est de cacher la souveraineté dans une majorité où elle est difficile à voir, où elle reste, en tout cas, immobile et enchaînée. La souveraineté du peuple est la plus révoltante des tyrannies, si elle se résume pour l'individu dans l'obligation de recevoir un maître dont il ne voulait pas, ou de conserver un maître dont il ne veut plus. Vous l'avez réglé ainsi, vous autres; votre avantage y est, vous vous y tenez. C'est bon pour vous, et bon pour un jour. Parce que vous avez mis vos scellés sur la bouche du volcan, vous le croyez fermé à ja-

mais. Vous verrez ce que la souveraineté de l'individu, la vraie reine légitime, fera de vos cachets et de vos
écritures. Comment! après la théocratie détruite, après l'aristocratie écra-
sée, après la *médiocratie* mise en lo-
ques, vous voulez asservir le genre
humain aux restes et aux débris de
toutes ces choses, dont vous avez formé les cadres de l'inepte armée que
vous appelez la démocratie! Vous
croyez ressouder ces chaînes brisées
par vous, en les trempant dans le
suffrage universel! Non, monsieur,
non! Vous avez jeté aux échos du
monde une parole qui ne se taira plus.
Une terre de délices nous fut promise
par vous : nous la chercherons sans

vous et malgré vous. Lancés à votre suite sur la mer des révolutions, nous vous abandonnions volontiers le gouvernail, mais à condition que vous avanceriez toujours. Aujourd'hui, trahissant vos promesses, vous jetez l'ancre sur une rive qui n'offre de place que pour vous : nous couperons le câble, et nous conduirons le navire jusqu'au terme du trajet. Vous demandiez pourquoi la propriété permanente, pourquoi l'agglomération des richesses, pourquoi l'aristocratie : et vous voulez être propriétaires, capitalistes, gouvernants? Non, vous dis-je! Il n'y aura plus ni propriété, ni capital, ni gouvernement. Eh! la nature fait-elle des rois, des riches, des seigneurs? Elle ne fait que des hommes; des hommes qui ont faim, ils ont droit de manger, partout où ils se trouvent; des hommes qui s'ennuient, ils ont droit de se divertir autant qu'ils peuvent; des hommes qui sont libres, ils ont droit d'user de tout ce que la nature leur donne d'esprit, de force et de courage, pour faire régner et dominer leur liberté. Voilà, citoyen fonctionnaire, ce que c'est que la souveraineté et l'indépendance de l'homme.

LE MAGISTRAT.

Vous vous trompez; tout cela n'est que votre folie.

L'ÉLU.

Indiquez-moi le point où j'ai cessé de marcher avec la raison. Je la suis, il est vrai, sans m'inquiéter des dangers dont vous épouvantent ses suprêmes conséquences. Comme j'ai à gagner ce que vous avez à perdre, il est naturel que je ne craigne pas ce que vous craignez. Le règne des fictions est fini, monsieur. Le peuple ne fera plus que ses volontés, ne servira plus que ses intérêts. Ainsi le veut cette raison que vous qualifiez maintenant de folie, mais dont les autels sont bâtis de vos mains. Ses premiers fruits vous semblaient si doux, si savoureux, si nourrissants! Vous ne sa-

viez pas combien les derniers vous pa-
raîtraient amers. J'avoue que c'est de
l'émétique après dîner. Mais, quoi! il
fallait prévoir que la souveraineté absolue de la raison s'exercerait aussi
contre vous.

LE MAGISTRAT.

La raison a ses bornes et la logique aussi.

L'ÉLU.

Bon! où les avez-vous bridées,
quand il s'est agi de renverser par
elles, et les hommes, et les institu-
tions, et la morale qui dominaient sur
vous? Comment! affamés d'hier, la
raison éternellement progressive, la

raison souveraine aurait trouvé pour limites la borne de vos appétits? Malheur à la borne, elle sera arrachée! Je vous préviens que nous voulons aller en avant... Que pouvez-vous opposer?

LE MAGISTRAT.

Vous ne tarderez pas à le savoir. Vous voilà pris, vous serez condamné. A tous vos sophismes, la Loi, que vous vouliez transgresser, répondra dans quelques jours par une sentence qui vous mettra dans l'impossibilité de nuire. De quelque manteau que vous sachiez vous couvrir, vous et les vôtres, nous vous opposerons la providence des sociétés modernes, l'inflexible légalité.

L'ÉLU.

La légalité pourra vous délivrer de ma personne, non pas de mes arguments. Vous comptez trop sur la légalité; c'est encore une de ces divinités qui s'en vont avec le vieux Dieu de l'ancien régime. Je ris en moi-même, quand j'entends vos ministres, vos avocats, vos politiques, prononcer ces mots sacramentels : *Force est restée à la loi.* Dès qu'ils peuvent dire cela, ils croient tout sauvé. Race ignorante et crédule! les mots lui suffisent, les choses ne lui apprennent rien. Depuis soixante ans les lois se succèdent comme les jours ; elles sont abrogées sur des échafauds, écrasées sous des pavés, écharpées dans des batailles de rues, dénaturées dans des combats de scrutins, éludées ou violées successivement par tous les partis, et, malgré tant de dévastations commises dans les domaines de la loi, les braves gens se persuadent que le peuple a un culte pour la légalité. Force est restée à la loi ; nous ne sommes pas morts ! La loi est la morale, la règle absolue du juste, le point culminant de la science humaine ; elle est Dieu, elle est tout. Mais cette loi que vous adorez, d'où vient-elle ? Tant de peuples, tant de despotes, tant de coupables, tant d'idiots, ont versé leurs caprices dans le

Bulletin des lois, que la paternité de chaque article est incertaine comme celle d'un enfant de Sparte. Pour moi, je ne suis pas disposé à reconnaître ces anonymes.

LE MAGISTRAT.

Et que prétendez-vous mettre à la place de la loi ?

L'ÉLU.

Ce que vous y mettez vous-même. Je prends votre axiome : Force doit rester à la loi. Elle a donc besoin de force, cette loi ? Il y a donc au-dessus d'elle quelque chose ? Quelle chose ? La force, qui renverse les lois ; la force, sans quoi les lois ne seraient rien ! Moi et tous les rebelles, et vous-même (car tout homme, à quelque titre et par quelque endroit, est rebelle), resterions-nous en extase de respect devant la loi, humbles et abstinents, si la loi n'avait ni gendarmes ni échafauds? Que les avocats fassent des lois et les adorent, c'est naturel, d'autant qu'*il est avec* la loi *des accommodements*, et que ces messieurs savent s'y prendre. Pour moi, je crains les lois, je ne les adore pas; je ne sais pas séparer l'idée de loi de l'idée de force, et, la force elle-même se présente toujours à mon esprit comme la plus redoutable de toutes les lois. Je ne dis pas : Force reste à la loi; je dis : Loi reste à la force.

LE MAGISTRAT.

Ainsi doit parler un chef de malfaiteurs.

L'ÉLU.

Malfaiteurs ou bienfaiteurs, peu importe. En réalité, la société dont je suis le chef est la plus libérale et la plus légitime que je connaisse. Notre loi fondamentale n'oblige que ceux qui l'ont volontairement acceptée; nous avons des dispositions civiles qui règlent l'activité des individus, et des dispositions pénales dont la sévérité nous dispense de prévoir les cas de récidive. Tout cela, je pense, constitue une légalité. La différence entre nous, c'est que votre légalité s'impose, et que la nôtre s'accepte. Si nous pouvions trouver un juge impartial, et qui ne fût ni de l'une ni de l'autre de nos sociétés, il déciderait que nos lois sont les plus sages. Je crois avoir prouvé que nous avons logiquement le droit de les suivre.

LE MAGISTRAT.

Vos prétendues lois sont opposées à celles de la communauté; donc ce ne sont pas des lois. Le droit ne détruit pas le droit.

L'ÉLU.

S'il ne le détruit pas, il l'établit. N'oubliez pas vos définitions du droit.

Jusqu'à présent, d'accord avec nous, vous avez fait sortir le droit de la loi. Le droit, c'est ce que la loi donne à quelqu'un, ce en vertu de quoi un homme peut exiger quelque chose d'un autre homme, soit l'action, soit l'abstention. Or, dans ce siècle sage, personne ne peut rien demander à personne qu'en vertu de la loi. Si les lois sont opposées, le droit qui établit le droit détruit le droit. Le droit varie, se modifie, change, périt avec la loi : là est notre supériorité sur vous. Nos lois, plus avancées dans la voie du progrès, engendrent des droits plus étendus que les vôtres, et qui, par conséquent, les absorbent. Exemple : Les lois de 93 vous ont donné le droit de

vous emparer des propriétés de deux
classes de personnes. Nos lois, à nous,
vont plus loin : elles nous donnent le
droit de prendre partout où nous trou-
vons. Nous ne disons pas, comme ce
demi-sage de Proudhon, que la propriété est le vol ; mais notre loi permet
à chaque individu de lever à discrétion
des impôts sur tous ceux qui possèdent.
Par là, nous légitimons la situation du
propriétaire, et en même temps le vol
cesse d'être un crime ; il rentre dans
les plus saines conditions de la morale ; il est la légalité.

LE MAGISTRAT.

Grand Dieu ! quelle dépravation !

4.

L'ÉLU.

Je vous en prie, citoyen fonctionnaire, discutons en libres penseurs
que nous sommes, et ne faisons pas in-
tervenir dans cet entretien des mots
qui n'ont plus de sens ; ne parlez point
de Dieu, puisque vous n'en reconnaissez aucun, et ne criez pas à la dépravation lorsqu'il n'y en a d'aucune sorte.

LE MAGISTRAT.

Comment, misérable, je ne reconnais point de Dieu !

L'ÉLU.

Non, monsieur, et je vous savais gré
de n'avoir point jusqu'ici allégué ce
monosyllabe qui jadis mettait fin à

toute dispute sur les matières dont nous traitons. La société officielle, composée des gens que nous connaissons vous et moi, fait grand usage, depuis quelque temps, du fantôme divin. Je ne vois là qu'une hypocrisie 'fort inutile. Si elle avait un Dieu, comme elle le dit, ce serait un Dieu vivant, qui lui aurait donné une loi sainte et sacrée, une règle sûre du bien et du mal. La société confierait l'exécution de cette loi, le maintien de cette règle à des magistrats convaincus de sa céleste origine, et ceux-ci, certains de leur droit, n'éprouveraient pas l'embarras de conscience qui, malgré votre dignité, vous oblige à raisonner contre moi. N'osant pas me dire que j'ai transgressé la loi du Ciel, ce qui serait absurde en effet, maintenant que le Ciel n'a rien à voir dans nos affaires, vous cherchez à me prouver que j'ai transgressé les lois de la raison. Dieu n'est plus allégué. Or, je vous prie de remarquer qu'il n'y a plus de dépravation, du moment qu'il n'y a plus de Dieu. Dieu, ayant donné une règle du bien et du mal, aurait mis aussi cette règle dans mon cœur, et pour la violer, je me serais dépravé. C'est l'ancien système. Plus juste, la raison, devant ce que vous appelez crime, vous permet seulement de penser que le criminel est un homme qui se trompe. Je puis me tromper sans être dépravé. Mais la question est de savoir si je me trompe. A mon avis, c'est vous qui vous trompez; c'est vous qui dépravez votre esprit, lorsque, refusant de suivre la raison aussi loin qu'elle veut vous conduire, vous acceptez la tâche impossible de la fixer dans l'atmosphère où vous respirez. La raison est votre Dieu, traitez-la en Dieu, laissez-la libre! Aussi bien vous ne lui couperez pas les ailes, vous ne l'empêcherez pas de voler, lumineuse et brûlante, dans tous les recoins du vieil arsenal où l'ancienne morale forgeait l'ancienne oppression, l'ancienne loi. C'est fini, la raison est déchaînée, la liberté règne, le feu est au monde. Brûle, brûle, et sois purifié par les flammes que nous allumons; antique et sordide repaire du mensonge, de l'iniquité et de la terreur! Tu perdras ta fausse parure et tes richesses infâmes; mais, dans les solitudes qui remplaceront tes villes et tes champs, maintenant sillonnés de forçats, l'homme enfin délivré, roi comme le lion du désert, élèvera son front souverain plus haut que ne montèrent jamais les monuments qu'il aura détruits!

LE MAGISTRAT.

Ils ont l'enthousiasme de la destruction!

L'ÉLU.

Dites l'enthousiasme de la vérité

et de la justice. Comment! parce que
nous sentons bouillonner en nous des
passions que vous n'avez pas, il faut
que nous vous obéissions! Nous qui
voulons vivre en plein air, il faut que
nous portions des fardeaux pour vous
bâtir des palais! Nous qui n'aimons
que le fruit de notre chasse, il faut
que nous tournions la broche dans vos
cuisines, pour nous nourrir, après
vous, d'un reste du bétail que nous
avons élevé! Et tout cela quand nous
avons sué sang et eau pour vous affranchir vous-mêmes, non pas de la
misère où nous sommes, non pas de
l'esclavage où nous restons, mais tout
simplement du joug de l'ordre, de la
morale et de la loi!

LE MAGISTRAT.

Mais, malheureux, puisque vous vous piquez de suivre la raison, comprenez donc et avouez donc que ce n'est pas la même chose de relâcher un lien ou de le rompre. Nous avons ouvert la prison, et vous voulez raser la cité.

L'ÉLU.

Vous êtes content, je le sais bien. Mais ce qui est une forêt pour le moineau n'est encore qu'une cage pour l'aigle. Dans vos cachots, la vermine qui se promènera sur mon corps sera libre; serai-je libre, moi? Je ne veux pas voir de murailles!

LE MAGISTRAT.

Allons, dites tout de suite que vous rêvez l'état sauvage. Dans la société que vous voulez former, les hommes seront condamnés à s'entre-déchirer, comme les bêtes fauves au fond des forêts.

L'ÉLU.

Pourquoi pas, si c'est l'ordre de la nature, le dernier cri de la raison, et, comme je le crois avec beaucoup d'autres, le terme inévitable du progrès commencé en France il y a soixante ans? Quel fut le premier acte de la révolution de 89? Elle détruisit la Bastille, c'est-à-dire un lieu où l'on enfermait les gens qui, suivant les

5

moyens et les idées d'alors, voulaient
plus ou moins déchirer les lois morales, civiles et politiques. Et inconti-
nent on se mit à déchirer partout.
Voilà plus d'un demi-siècle que l'o-
pération se poursuit, vous savez avec
quel succès. Dans un camp ou dans
l'autre, vous y avez certainement travaillé vous-même.... Et vous en êtes
encore à ne voir de déchirements que
dans l'avenir! Ne vous souvenez-vous
plus du dernier coup de dent? Il fut
pourtant assez mémorable. Cent mille
prolétaires socialistes voulaient déchirer cent mille bourgeois. S'ils avaient
réussi, les bases de la justice étaient
changées pour jamais, la loi se cou-
lait dans un autre moule, la propriété

devenait un vol et le vol devenait une
propriété. Par malheur, les cent mille
bourgeois ont déchiré les cent mille
socialistes, et la loi reste éternelle...
provisoirement. Cela n'empêchera pas
qu'une transaction n'intervienne un
jour, de gré ou de force, qui abolira
tout ensemble et le vol et la propriété.
En attendant, ce qui règne n'est pas
précisément la concorde, et cela s'appelle s'entre-déchirer, ou je ne m'y
connais pas. Attendez un peu, vous
en verrez bien d'autres.

LE MAGISTRAT.

Nous y mettrons bon ordre.

L'ÉLU.

Par la force et l'union du grand

parti conservateur, n'est-ce pas ?
Franchement, n'apercevez-vous point
qu'on s'en va ? Hâve, décharnée,
parvenue au troisième degré de la
phthisie, la république, la dernière légalité, se meurt, entourée d'héritiers
dont les yeux étincellent d'un feu cu-
pide. Quand sera retombée sans vie
cette main qui tient le dernier frein
de la foule, quand l'heure aura sonné,
quand le ministre de la mort aura dit
à la république, non pas comme à
Louis XVI : Monte au ciel ; non pas
comme à Louis-Philippe : Monte en
fiacre ; mais comme aux maîtresses de
la veille, dont on est las le lendemain :
Va au diable ! vous verrez alors,
vous verrez combien ils seront pour

commencer la fête et s'entre-déchirer.
Moi aussi j'y serai, monseigneur. L'esprit qui renversa la Bastille soufflera
vers vos pénitentiers, et viendra m'ouvrir la porte que vous allez fermer sur
moi. C'est l'instinct du peuple : il
court d'abord aux prisons, il les enfonce : il sent que là sont renfermés
ses vengeurs, les vrais martyrs de la
vraie liberté.

LE MAGISTRAT.

Allez donc y rêver ce triomphe. En
attendant, c'est là que bientôt la justice vous demandera compte de vos
prétendus droits et vous fera connaître les siens.

L'ÉLU.

Notre controverse finit comme elle doit finir. N'oubliez pas que la force y prononce le dernier mot contre la raison. Mais le jour approche où la raison aura raison.

II.

Les heures sont lentes dans une cellule dont les quatre murs, à peine éclairés par les reflets obliques d'un soleil toujours caché, ne donnent pas même au prisonnier le plaisir de voir son ombre, et n'ont pas un écho qui lui rende le bruit de sa plainte. L'*Élu*, condamné et surveillé avec rigueur, ne sent plus son courage au niveau de son orgueil. Il roule pêle-

mêle dans sa pensée des projets d'é-
vasion, des rêves de vengeance, des
idées de suicide; mais la fuite est impossible; il n'a nul moyen présent de
se venger; s'il se tuait, il croirait se
vaincre au profit de ses ennemis et
leur pardonner. De l'idée du suicide,
il passe à la crainte de la mort : il a
peur de succomber avant que sonne
l'heure des funérailles du monde; le
désespoir envahit son âme. Accroupi
la tête sur ses mains, les yeux fermés
à ce jour blafard qui ne lui permet pas
de rêver l'espace, il se replonge dans
la contemplation de son impuissance et
de son malheur.

Un homme voué aux œuvres de
charité, un de ces anges que la misé-

ricorde divine député, sous des noms divers, auprès des nombreuses douleurs d'ici-bas, vient visiter le prisonnier. Au bruit des verrous, celui-ci se lève en hâte et redresse fièrement la tête. Le misérable craint de paraître abattu. — Que demandez-vous, dit-il au visiteur; n'en ai-je pas fini avec les gens de justice et de police?

LE VISITEUR.

Je ne suis pas ce que vous croyez. J'ai refusé les fonctions publiques, précisément pour rester libre de donner mon temps à ceux qui, comme vous, sont séparés de toute société.

5.

L'ÉLU.

C'est un étrange plaisir que vous cherchez là.

LE VISITEUR.

J'ai le bonheur de trouver, en effet, quelque plaisir à remplir un devoir.

L'ÉLU.

Ah!.... Et vous regardez comme un devoir de me consoler... Qui vous a dit que j'eusse besoin de consolation?

LE VISITEUR.

Entre tous les hommes il y a une égalité d'origine, de nature et de

destinée qui révèle à chacun d'eux ce
que souffrent les autres. J'ai su votre
isolement, j'ai deviné le reste, et j'ai
senti dans mon propre cœur le malheur de votre situation.

L'ÉLU.

Eh bien ! vous voilà très-agréable-
ment détrompé; je ne suis pas malheureux. J'ai le vivre et le couvert.
Votre justice a pourvu généreusement
à tous mes besoins.

LE VISITEUR.

Je ne condamne point la justice
qui vous a frappé; mais ma justice à
moi n'a rien fait contre vous... Ne
renvoyez pas celui qui vient avec un

cœur d'ami. Vous souffrez. L'homme
n'est pas fait pour vivre seul. La moitié de sa vie se trouve placée dans les
autres, et il ne la complète que par
l'échange de ses sentiments et de ses
pensées. La parole, excitée par la parole, rapporte à l'âme un cordial qui
la fortifie ; mais quand le torrent des
idées qui s'échappe de l'esprit du so-
litaire tombe dans le vide, et que pas
une goutte ne rejaillit vers lui, alors la
source s'épuise, la raison s'en va ; c'est
la mort.

L'ÉLU.

Oui, je souffre. Moi qui passais ma
vie à l'air libre, me trouver subitement enseveli dans ce tombeau !....

J'ai des raisons pour désirer de vivre; mais s'ils m'offraient la mort, je crois que je l'accepterais.

LE VISITEUR.

J'avais prévu ce désespoir, et je suis venu dans l'espérance de l'arrêter à l'entrée de votre âme. Je voudrais vous enseigner une conversation qui peut remplacer toutes les autres.

L'ÉLU.

Quoi! une conversation avec ces murs? Parler aux ténèbres?

LE VISITEUR.

Il n'y a pas de chaînes sur votre âme. Ni les murs, ni les ténèbres n'empêchent de prier...

L'ÉLU.

Prier ! Je vous vois venir ; vous n'êtes pas fin ! Vous voulez que je demande ma grâce, que je prie des hommes, mes ennemis, ceux que se réserve d'abord ma colère ! Dites-leur qu'entre eux et moi il y a guerre à mort. Eux, un jour, me prieront..... Ils prieront en vain.

LE VISITEUR.

Je ne suis pas venu pour vous conseiller de prier des hommes, mais Dieu.

L'ÉLU.

Ah ! vous êtes chrétien !.... laissez-moi.

LE VISITEUR.

L'ennui de la solitude vous ferait supporter ma présence, lors même que je serais un envoyé de la justice humaine ; mais vous n'osez pas soutenir la parole d'un envoyé de la miséricorde divine. Vous, dit-on, qui prétendez répandre partout la terreur et ne suivre que la raison, jugez-vous à ce trait. Vous tremblez d'entendre parler de Dieu, comme un prêteur à la petite semaine. Ah ! socialiste, vous avez l'esprit bourgeois !

L'ÉLU.

Que voulez-vous m'apprendre ? Dieu ! savez-vous ce que c'est ?

LE VISITEUR.

Et vous-même, franchement, l'ignorez-vous?

L'ÉLU.

Aussi vrai que vous m'écoutez, je l'ignore; ou plutôt, je sais que ce mot est la plus cruelle invention de la perfidie humaine pour étouffer la raison et la liberté.

LE VISITEUR.

Et moi, aussi vrai que vous m'écoutez, je sais maintenant que vous n'avez pas encore rencontré dans le monde un ami. On a séduit et égaré votre esprit, exalté et caressé vos passions; mais vous n'avez aimé per-

sonne avec votre âme, et personne
jamais ne vous a appelé du nom de
frère ou de fils.

L'ÉLU.

D'où savez-vous cela?

LE VISITEUR.

C'est qu'il n'y a pas d'affection
vraie qui ne vous eût donné de Dieu
au moins quelque notion vraie. Il faut
aimer Dieu pour aimer vraiment les
hommes; et quand on aime Dieu, on
parle de lui; car, après le bonheur de
l'aimer, il n'y en a pas de plus grand
que de le faire aimer. Combien je
vous plains! Si vous aviez connu Dieu,
ou vous ne seriez pas en ce cachot,

ou vous y trouveriez plus de consolations que ne vous en fait perdre votre malheur. Votre pensée, s'élevant jusqu'à Dieu, reviendrait à vous riche de grâce et de vérité.

L'ÉLU.

De toutes les chimères qui ont frappé mon oreille, voici la plus inconcevable. Que ma parole monte à Dieu, qu'elle revienne de Dieu à moi, quelle folie ! Je comprendrais mieux Considérant et Pierre Leroux. Causer avec Dieu ! Je ne veux pas vous offenser, mais laissez-moi rire.

LE VISITEUR.

Quand vous aurez bien ri, vous me

direz ce qui vous empêche de comprendre que des rapports puissent s'é-
tablir entre les esprits, et ce que vous
voyez là de si difficile. Avez-vous ri ?
Voulez-vous que je continue ?

L'ÉLU.

Continuez, excellent homme ; cela
fait toujours passer le temps.

LE VISITEUR.

Eh bien, mon ami, vous avez une
âme !

L'ÉLU.

Croyez-vous ?

LE VISITEUR.

Je vous assure qu'en y pensant un

peu, vous-même le croirez. Cette
âme, créée de Dieu, s'élève à Dieu
plus facilement encore qu'elle ne des-
cend vers la matière. Arrivée à la
source de son être, elle contemple,
elle admire, elle aime, elle interroge,
elle entend des réponses, elle exprime
sa reconnaissance, elle chante son
amour. Bientôt, riche d'un surcroît de
vie, l'esprit réagit sur le corps tout
entier et le meut, sans que la volonté
s'en occupe, comme le pourrait faire
la volonté elle-même. Se prosterner,
lever au ciel les yeux et les mains,
étendre les bras comme pour recevoir
et saisir la vie immortelle, palpiter,
pleurer, aimer, se sentir aimé, vivre,
dans la compagnie et dans la familia-

rité de celui que l'on aime, être heureux enfin, quelles que soient les conditions de la vie extérieure, voilà ce qui se passe dans l'adorateur qui prie. Priez donc, et vous retrouverez plus que le monde n'avait pour vous, plus qu'il ne peut donner, plus qu'il ne sait promettre. Vous aurez Dieu, l'immensité, l'infini, le bonheur, tout ce qui peut combler l'incalculable profondeur de nos désirs.

L'ÉLU.

Vous paraissez sincère, et je ne veux plus railler. Mais, écoutez, vous me proposez là quelque chose qui ne saurait aller à un chef de corps franc. J'essayerais en vain, je n'y réussirais

pas. Je ferai mieux de chercher quelque moyen de rejoindre ma troupe. Il
y a là-bas un champ de bataille et des
soldats qui m'attendent. Nous n'avons
pas peu de chose à faire. Je veux
créer une société moins atroce et moins
absurde que celle où nous vivons. La
prière n'y sera nécessaire à personne:
on ne s'ennuiera plus.

LE VISITEUR.

Créer une société!... En effet, la
besogne est sérieuse. Avez-vous man-
dat de celui qui s'est réservé le droit
de créer?

L'ÉLU.

Le droit, on le prend. Ensuite,

on trouve partout des hommes disposés à le confirmer et même à le
soutenir.

LE VISITEUR.

Ce que vous appelez un droit n'est
qu'une usurpation.

L'ÉLU.

Ces distinctions sont trop subtiles
pour moi. J'ai une philosophie du
droit à ma mesure, et je puis dire, à
la mesure de mon siècle.

LE VISITEUR.

Voyons donc cela.

L'ÉLU.

Voici. Chaque individu possède une

force qu'il peut faire valoir comme bon lui semble, et suivant ses facultés. Cette force, qui vient manifestement de la nature, je la sens en moi. Elle me constitue un droit, j'en use. Pourquoi n'obéirais-je pas à mon instinct ? Vous m'objectez sans doute le droit de ceux qui sont en possession actuellement ? Ce droit de la possession, j'aurai tout le temps de le reconnaître, quand je posséderai moi-même le pouvoir.

LE VISITEUR.

Mais conquérir le pouvoir comme vous l'entendez, c'est s'exposer à détruire la moitié des générations vivantes, et cela, sans autre but que de poursuivre une satisfaction d'orgueil qui pourrait vous manquer. Vous n'auriez pas ce coupable courage. Le respect des lois...

L'ÉLU.

A votre tour, vous parlez en bourgeois. Le procureur général aussi m'a prêché le respect de la loi..., comme si sa loi était la mienne !

LE VISITEUR.

Je ne vous comprends plus. Ne seriez-vous pas victime d'une fâcheuse ignorance de l'origine du pouvoir ?

L'ÉLU.

Au contraire, je serais plutôt victime de la science du pouvoir. Per-

sonne ne sait mieux comment on s'en
empare, et n'a vu de plus près comment on le perd. Depuis vingt ans,
j'ai assisté à la formation de vingt sociétés, toutes organisées avec le but
prochain de renverser et de remplacer
les sociétés existantes. Successivement
maçon, carbonaro, ami du peuple,
défenseur des droits de l'homme, libre
travailleur, socialiste, communiste,
jeune France, jeune Allemagne, jeune
Italie, jeune Suisse, jeune Europe,
unitaire, universaliste, etc., j'ai conspiré avec tous les conspirateurs, je
leur ai donné mes conseils, mon bras,
mon argent quand j'en avais; j'ai été
de tout ce qui a réussi et de tout ce
qui a échoué. Vainqueur ou vaincu,

j'ai tout vu, tout examiné avant de me décider pour le genre de société que j'ai choisi. Venue après les autres, ma constitution doit être la perfection de l'art. Je suis le plus avancé des législateurs venus et à venir. Ne m'accusez pas d'ignorance.

LE VISITEUR.

Vous savez tout, excepté ce qu'il faut savoir avant tout. Rêver une société nouvelle, c'est vulgaire. Ce qui ne l'est pas, c'est le moyen. Pour associer les hommes, les unir, les relier ou *religionner*, il faut un lien. Il n'y a pas de rêve qui tienne, on ne fait rien sans cela, parce que les hommes sont des hommes. Où prendrez-vous le lien qui doit les enchaîner à vos lois et assurer parmi eux le triomphe de la légalité ?

L'ÉLU.

Je n'en connais pas deux : la force, qui répand la terreur, voilà le mystère des sociétés. Oui, les hommes sont des hommes. Je le sais, et je les prends pour ce qu'ils valent. Ils tremblent ! Vos rois, les imbéciles, se font prêter serment sur l'honneur : on les trahit. Nous nous faisons prêter serment sur le poignard, et on nous est fidèle. Quand nous savons qu'un homme, déjà lié par nos serments, en prête d'autres à l'usage des rois, nous ne craignons point qu'il nous vende : nous savons qu'il s'apprête au contraire à nous mieux servir. Je voudrais que Mazzini fût admis à prêter serment au pape, Kossuth à l'empereur d'Autriche, comme tels et tels, que je regarde faire, l'ont prêté à certains pauvres petits rois de nos voisins. Les gens qui sont à nous ne peuvent plus appartenir à personne. Avec nous, on avance, on ne recule pas. L'échafaud peut-être est devant, mais le poignard est certainement derrière..... Ce qui vous explique, en passant, pourquoi le peuple français a été gratifié de l'abolition de la peine de mort en matière politique.

LE VISITEUR.

Je comprends ; le péril n'est plus du tout en face.

L'ÉLU.

Quand un homme a été choisi, sondé, éprouvé, et qu'il n'y a plus qu'à jeter sur sa volonté les dernières chaînes, on le conduit devant quelques initiés, couverts de masques noirs. Il a sous les yeux des poignards disposés en croix.

Interrogé solennellement, il promet le secret sur l'existence de la société, sur son but, sur les membres qui la composent, sur tout ce qui s'y dit et s'y passe. Il promet une obéis-

sance entière et sans réserve aux chefs.
Il ira, il frappera, il mourra. Il est
quelque chose de mieux que le bâton
dans la main du vieillard, tant reproché
aux jésuites : il est le fer dans la main
du meurtrier. Il fait ce pacte, l'œil et la
main sur le stylet qui lui sera plongé
dans le cœur s'il devient traître ou s'il
désobéit. — Voilà des serments qui ont
une signification nette, une valeur ap-
préciable à toutes les intelligences, une
sanction certaine. En les examinant de
près, on ne s'étonne pas qu'ils soient
gardés.

LE VISITEUR.

Vous avez prêté ces mêmes serments ?

L'ÉLU.

A toutes les sociétés dont je fais partie. Pensez-vous encore pouvoir me tirer de là?

LE VISITEUR.

Vous vous en tirerez vous-même, si vous êtes homme de cœur et si l'on vous prouve que vous avez tort.

L'ÉLU.

Il faut me prouver que j'ai tort; c'est difficile.

LE VISITEUR.

Tout est difficile; mais, avec l'aide de Dieu, on peut tout.

L'ÉLU.

Vous êtes singulier... Nous devons bien nous étonner réciproquement.

LE VISITEUR.

Hélas! vous ne m'étonnez pas. Mais dites-moi, à propos de vos nombreux serments, est-ce que les derniers ne sont point une violation de ceux que vous aviez faits d'abord?

L'ÉLU.

Nullement; car je ne me suis pas écarté de la voie du progrès. Il y a cent ans, j'aurais juré de renverser la féodalité, cette royauté de famille qui a si longtemps retenu le pouvoir dans ses donjons. La féodalité n'étant plus,

j'ai donné mon concours au renverse-
ment de la monarchie pure. Après la
monarchie pure, j'ai travaillé aux mines
qui devaient faire sauter la monarchie
constitutionnelle. Celle-ci vaincue en
deux batailles, je m'occupe d'enfoncer
la démocratie bourgeoise, dite république honnête et modérée. Dans ce
but, je m'unis aux différentes sectes
socialistes. Mais une voix me pousse,
et, sans cesse, me dit : « En avant! »
Voyant les socialistes s'embourber eux-
mêmes dans les lieux communs des-
potiques, j'ai conçu quelque chose de
plus rationnel et de plus complet. Je
ne trahis pas nos alliés : je marche,
je cours, je les traîne au dernier terme
du progrès. Plus j'avance, plus je

suis fidèle à mes serments, qui sont de détruire et de remplacer ce qui existe. Je suis prêt avec mes gens pour toutes les révolutions qui doivent préparer la dernière. Nous sommes ceux, vous pouvez le savoir, qui ne manquent jamais à aucun appel.

LE VISITEUR.

Cela signifie simplement que vos projets ont le triste avantage d'être plus criminels que tous les autres.

L'ÉLU.

Ce que vous appelez crime est vertu à mes yeux. Vertu de courage, car j'observe la logique jusqu'au bout; vertu de justice, car je veux donner tout ce que je promets; vertu d'humanité, puisque j'aspire à rendre l'homme vraiment libre et à lui restituer toute l'indépendance que lui a donnée la nature; enfin, vertu de dévouement : j'aurais certes pu faire ma part comme tant d'autres, et je serais aujourd'hui grand fonctionnaire ou législateur, au lieu d'être prisonnier. Vous parlez d'après la vieille morale. Mais en fait, sinon en droit, la vieille morale est abrogée. Depuis soixante ans, les événements, les hommes, les lois, les livres, tout travaille d'un commun accord à la réhabilitation du crime et du criminel. Où vivez-vous, brave homme? N'avez-vous jamais entendu un prêche saint-simonien ou

fouriériste, n'avez-vous jamais lu un
roman, n'êtes-vous jamais entré dans
un théâtre, n'avez-vous jamais jeté
les yeux sur la boutique d'un marchand
d'images? Partout l'insurrection contre la morale est enseignée, admirée,
applaudie; partout l'insurgé reçoit
des encouragements et des honneurs.
Au dénoûment du mélodrame, ce
n'est plus, la vertu qui triomphe et le
vice qui est puni : l'esprit moderne a
changé tout cela. Il y a longtemps que
cet esprit règne dans la philosophie
officielle; il y a longtemps qu'il con-
court aux manipulations législatives.
En 1848, avez-vous eu beaucoup de
départements assez indignés pour refuser le joug des faillis, des chevaliers

d'industrie, des débauchés notoires qu'on avait choisis pour les gouverner? Quand le peuple élit un représentant, est-ce qu'il lui demande des mœurs? Pourvu qu'il n'y ait pas jugement, tout est bon. Mais à la prochaine fois vous aurez des fonctionnaires pris au bagne, et vous n'entendrez dans l'opinion qu'un hourrah de délivrance. Ce sera comme quand les chrétiens sortirent des catacombes! Ce que je vous répète là, je l'ai lu souvent, sans qu'aucun de ceux qui l'ont lu comme moi ait jeté le livre ou se soit désabonné au journal. Le monde aspire à être conduit par ceux que vous appelez encore des brigands. Qui est aujourd'hui sacré sur la terre et dans l'esprit

des peuples? Les rois? Non, ce sont
les révolutionnaires, les forbans, ceux
qui se ruent à main armée sur la fortune publique et qui l'enlèvent. La
France aurait craint de ne pas laisser
échapper Mazzini et Ledru-Rollin; le
Grand Turc lui-même se serait enseveli sous les ruines de Stemboul, plutôt que de livrer Kossuth, si l'Autriche
avait osé l'exiger. Ç'a été une affaire
d'État, rien que pour exécuter, à Paris, les trois ou quatre chenapans de
la barrière Saint - Jacques. A part
le pauvre Blum et le pauvre Lopez,
dont nous redemanderons le sang, lequel a été supplicié, de tous ces chefs
de bandes, qui ont pourtant commis,
suivant vous, de si grands crimes, et

qui ont été vaincus? La majesté du droit les couvre dans leur défaite et les rend inviolables. Le premier roi qui leur tombera sous la main sera pendu sans que personne bouge. En fait et en droit, le crime politique est aboli; l'autre le sera bientôt. On m'appelle un bandit, je suis un précurseur. J'ai droit à la vénération des hommes. J'ai résolu le problème social; j'ai trouvé le dernier terme du progrès. Mes devanciers sont fatigués, ils s'arrêtent; je suis dispos, je marche. J'ai aussi bien qu'eux le droit d'expérimenter un système plus conséquent que le leur. Je ne permettrai pas qu'ils clouent la raison sur la borne de leurs intérêts. Les traîtres ridicules! ils commen-

cent par renverser toutes les lois existantes, ils les remplacent par d'autres
qui leur sont favorables, puis ils disent :
Respect à la légalité!... Je ne veux ni
des lois des despotes, ni des lois des
avocats, ni des lois du peuple. Sortons
de cet enfer de législation! La loi,
c'est la volonté instantanée de celui
qui se sent intelligent, hardi et fort.

LE VISITEUR.

Il y a une chose à laquelle vous
n'avez jamais songé, et qui vous ac-
cule à l'impossible. Avant de suppri-
mer toute loi, démontrez qu'il n'y a
pour l'homme aucun principe de moralité, que ses actions ne sont ni bon-

nes ni mauvaises, que le bien et le
mal absolu n'existent pas.

L'ÉLU.

L'absolu ne m'inquiète guère. Je
comprends la moralité à la façon de
mes contemporains. La moralité ré-
sulte de la loi. Le bien, c'est ce que
la loi commande; le mal est ce qu'elle
défend. La moralité, c'est la légalité;
la légalité, c'est, en dernière analyse,
le bon vouloir du fort, lisiblement
écrit sur papier timbré. Et je pren-
drais, pour règle de mes actions, le
caprice de mes ennemis?.. Jamais je ne
plierai mon âme sous un tel esclavage.
Point de morale! la liberté!

LE VISITEUR.

Vous êtes logique. Parti de l'état de nature, puisque vous niez Dieu, vous aboutissez à l'état sauvage. Votre société aura sa perfection dans les forêts, où l'homme sera le principal ennemi de l'homme.

L'ÉLU.

Si la raison nous mène dans les forêts, mieux vaut l'y suivre que de rester avec les fripons qui nous ont conduits vers elle pour l'enchaîner en même temps que nous.

LE VISITEUR.

Encore une fois, c'est logique; mais c'est inexécutable.

L'ÉLU.

Bah! rien ne résiste à la volonté persévérante, accompagnée de la raison. La raison est pour moi, l'avenir est à moi. Que seulement je sorte d'ici! Je rassemble des hommes, je leur fais prêter le serment que vous savez, et je le fais tenir comme vous savez. Mon armée se recrute rapidement, parce qu'elle se compose de ceux qui n'ont rien contre ceux qui ont tout. Si je vois dans les rangs ennemis quelque adversaire trop dangereux, je l'écarte avant la bataille; et, le jour venu, nous marchons à la triple conquête de la liberté de l'individu, de la liberté du sol et de la liberté des actions. Je vous ai montré tout à l'heure combien les doctrinaires constitutionnels républicains et socialistes ont avancé la besogne.

LE VISITEUR.

Néanmoins, je n'y vois rien de facile.

L'ÉLU.

Je dirai comme vous, rien n'est facile; mais je voudrais savoir si quelque autre se propose quelque chose de plus aisé. Vous me permettrez, d'ailleurs, de compter un peu sur l'amour de la liberté illimitée qui se trouve au fond de tous les cœurs, et beaucoup sur l'imbécillité publique.....
Doutez-vous toujours du succès?...

7.

LE VISITEUR.

J'admets que vos plans soient concertés de manière à vous conduire au but; mais si le but est mauvais, qu'importe la perfection du plan? On vous croirait guidé par le génie de la destruction.

L'ÉLU.

On me l'a dit. J'ai répondu et je réponds : Pourquoi pas? Toutes les sociétés secrètes sont instituées pour détruire la société officielle. Pourquoi n'aurais-je pas sur l'Europe le droit que Mazzini prétend avoir sur l'Italie, Ledru-Rollin sur la France, Struve sur l'Allemagne, et que s'arrogeaient déjà, avant eux, quelques autres con-

spirateurs à qui on ne l'a pas contesté ?
Que je taxe l'humanité à deux millions de morts, au lieu de ne la taxer
comme eux qu'à un million et demi,
qu'importe ?

LE VISITEUR.

Sans doute, si le monde n'a point
de maître légitime, s'il n'a point de
loi, s'il est justement la proie du plus
fort, il vous appartient aussi justement
qu'à d'autres..... Mais il y a un
créateur, un roi et un possesseur universel du genre humain ; et ce souverain maître n'a donné ni à vous
ni à personne des lettres de marque
pour détruire la société, qui est son
ouvrage. Ceux que vous venez de

nommer et vous, vous êtes tous des criminels.

L'ÉLU.

Si vous pouvez vous dispenser de ce vocabulaire suranné, je vous écouterai avec plus de plaisir. Du reste, continuez; vous m'intéressez.

LE VISITEUR.

Je vous parle le langage de la vieille morale, et j'en ai le droit, je ne l'ai jamais reniée. D'ailleurs, ne croyez point que je vous confonde absolument avec vos devanciers. Tout en rêvant plus de mal, vous valez mieux. Pauvre sauvage, vous suivez de bonne foi une raison qui n'a reçu que des guides trompeurs; eux, ils mentent au monde et à eux-mêmes. Ouvrier sincère dans l'œuvre de la destruction, vous voulez aller jusqu'au bout et tout abattre, sans même songer à vous réserver une hutte au milieu des ruines; eux, fourbes rapaces, ils se réservent l'appartement d'honneur dans les palais dont ils vous font forcer l'entrée. Pendant que vous pratiquez leurs doctrines, ils se tiennent prêts à les désavouer. Après s'être servis de vos bras pour emporter la place, debout sur les cadavres de vos frères, ils vous livrent à l'exécration publique, qu'ils ont seuls méritée. Non, tous vos crimes ne vous font pas descendre au niveau d'ignominie où sont ces misérables ! Ils vous ont mille fois répété que vous étiez souverains de vous-mêmes, et quand vous voulez user de cette prétendue souveraineté pour faire la loi à votre tour, ils vous crient : Halte ! respect à la légalité ! Ils se sont bien gardés de vous dire jusqu'où il faut remonter pour trouver des droits à l'homme !

L'ÉLU.

Je ne suis pas ici pour les défendre. Cependant, sur ce point, ils parlent le langage de la raison même, et je ne leur puis reprocher que de ne pas conclure. Ils m'ont dit, ce qui est vrai, que les droits de l'homme résident dans la liberté.

LE VISITEUR.

Oui, dans la liberté réglée par l'autorité supérieure de Celui à qui l'homme doit tout, l'existence, la raison, la liberté elle-même.

L'ÉLU.

Ah! pour l'amour du bon sens, ne girardinisons et n'escobardons pas! Vous allez me parler de ne point faire à autrui ce que je ne voudrais pas qui me fût fait. Je croyais que vous me féliciteriez, au contraire, de n'avoir point allégué cette bourde. Je ne dois rien à autrui, et autrui me doit tout ce que je puis lui prendre, à moins qu'il me laisse volontairement satis-

faire mon appétit sur son dîner.....
Girardin se moque de vous.

LE VISITEUR.

M. de Girardin n'est pas mon pro-
phète, et j'attache peu d'importance à
ses découvertes. La liberté illimitée
de ce personnage ressemble à celle
que vous demandez, malgré la restriction qu'il y met; car, ou cette
restriction est facultative, et c'est le
règne du plus fort; ou elle est obli-
gée, et c'est la légalité actuelle, va-
riable comme le vent des révolutions.
L'autorité dont je vous parle vient de
plus haut, fait des commandements
plus stables, et les place sous une
sanction plus sûre.

L'ÉLU.

Allons, vous allez argumenter de Dieu et de l'enfer.

LE VISITEUR.

Je ne vous parlerai pas de l'enfer, mais d'une loi supérieure à toutes les lois de l'homme. Quand vous la connaîtrez, l'enfer viendra de lui-même.

L'ÉLU.

Gardez votre loi pour vous. Je n'ai que faire des terreurs qu'elle éveille dans l'esprit.

LE VISITEUR.

Que vous la connaissiez ou non, la loi n'existe pas moins. Si vous ne la trouvez pas, c'est elle qui vous trouvera. Pensez-vous exister sans Dieu?

L'ÉLU.

Qu'ai-je à m'occuper de cela? J'ai avant tout l'obligation de vivre, je veux m'en acquitter le mieux possible.

LE VISITEUR.

Pour vous en acquitter dignement, connaissez-vous les lois de la vie?

L'ÉLU.

Les lois de la vie?... Vous entendez par là autre chose que moi, manifestement. Je vous ai donné mon système; voyons le vôtre.

LE VISITEUR.

Il est simple et à la portée de tous, parce qu'il est fait pour tous. Il contient la raison de tout, parce qu'il est l'œuvre du maître de tout. Vous verrez tout à l'heure s'il a bien ces caractères, et par là déjà vous pourrez juger le vôtre, qui ne les a pas. En effet, vous vous imposez par la ruse, vous dominez par la terreur, vous répandez le sang, vous immolez le faible; et tous vos efforts, s'ils réussissent, aboutissent à détruire la plus grande partie des hommes pour procurer aux vainqueurs une chasse plus abondante au milieu des forêts qu'ils habiteront. La raison vous pousse jus-

que-là, vous en convenez par une bra-
vade désespérée, sentant que, quels
que soient les vices de l'ordre social
actuel, vous êtes hors d'état pourtant
d'en créer un plus équitable et meil-
leur. Tout cela est insensé, et mé-
chant, et lâche; car c'est, en définitive, pour vous procurer certains
plaisirs, pour vous venger d'abord, et
ensuite pour vivre d'un genre de vie
que vous aimez, — pour en vivre du-
rant quelques années, quelques jours
peut-être, — que vous commettriez
tous ces forfaits. Vous n'y avez pas
pensé, sans doute. C'est être déjà
bien coupable que de n'y avoir pas
pensé; mais maintenant vous seriez
un monstre si vous passiez outre, bra-

vant les révoltes de votre conscience mieux éclairée. Que pouvez-vous reprocher à ceux qui s'arrêtent dès qu'ils se trouvent bien, si vous ne voulez vous arrêter que quand vous vous trouverez bien? Je ne vois pas là ce sentiment de la justice dont vous vous targuez, et qui vous remplit d'une si prodigieuse fureur. Dieu, le Dieu créateur du monde, aime aussi la justice, et vous devez comprendre qu'il s'est réservé le moyen de punir des forfaits semblables à ceux que vous rêvez. J'ajoute que vous les rêvez, ces forfaits, mais que vous ne les commettrez pas, ou qu'ils ne réussiront pas. Vos plans ne sont pas seulement atroces, ils sont impraticables.

Quand même vous seriez libre, quand même vous auriez formé votre armée, quand même la plus grande partie de la société, d'accord avec vous contre elle-même, conspirerait pour vous, encore faut-il, avant que la société périsse, que Dieu lui donne congé de périr. Si elle se défend, vous n'aurez réussi qu'à y ramener le despotisme, car, à tout prix, elle vous étouffera. Si Dieu la défend, vous n'aurez servi qu'à la purifier. Si Dieu l'abandonne, vous ne contribuerez qu'à la plonger dans le néant. De toute manière, vous êtes des instruments, vous ne faites rien pour vous. C'est la première punition de votre orgueil.

L'ÉLU.

Vous avez critiqué mon système. J'attends le vôtre.

LE VISITEUR.

Le voici. Je ne m'arrête pas à vous prouver l'existence de Dieu. Si vous la niez, je l'affirme, et nous en causerons une autre fois. Au commencement, Dieu fit le monde ; puis il fit l'homme à son image, c'est-à-dire intelligent et libre. Il lui donna une certaine force, une certaine puissance sur les corps, sur les animaux, sur ses semblables et sur lui-même. Pour que cette puissance ne pût pas arriver un jour à détruire son œuvre, il mit

les lois à côté de la liberté. Il dit à
l'homme : « Tu ne reconnaîtras de souverain que Dieu, tu aimeras ton semblable, tu te respecteras toi-même. »
Trouvez-vous ces lois conformes à la
raison ?

L'ÉLU.

Elles disent peu de chose, pour la
multitude de nos besoins et la diver-
sité de nos relations.

LE VISITEUR.

Dieu n'a pas fait des esclaves. Laissant à ses enfants une grande latitude
dans le choix de leurs actions civiles
et politiques, il s'est contenté de poser les lois premières, fondamentales.

Par la suite, il y a joint les développements qu'a exigés le développement de la famille humaine. L'ensemble de ces lois forme la charte universelle octroyée à l'humanité. La croyez-vous digne de nos respects ?

L'ÉLU.

Eh bien, oui. Mais encore je ne découvre pas là un système politique.

LE VISITEUR.

Regardez mieux. De ce principe se dégage une politique lumineuse, et pour ainsi dire toute vivante. Vous demandiez d'où peuvent venir les droits que vos semblables s'attribuent sur vous : ne voyez-vous pas naître main-

8

tenant les droits de Dieu, les droits
du prochain, et les droits propres de
l'individu? Droits incontestables, puisqu'ils émanent d'une autorité compé-
tente. Avancez : de ces droits, décou-
lent des devoirs, dont la violation
constitue le crime et légitime la ré-
pression. Si l'homme, ou si les hommes, quel que soit leur nombre,
viennent vous donner des ordres, vous
imposer des lois, et qu'ils le fassent
en leur propre nom, vous avez le droit
de leur dire : *Avant que j'obéisse,
voyons qui sera le plus fort.* Ce
combat de la force brutale, c'est l'a-
narchie. Si, au contraire, ces hommes
viennent à vous avec le droit, ils ont
dû commencer par se soumettre au

devoir, c'est-à-dire veiller à ne vous demander que ce qui est conforme à la loi fondamentale ; et il est juste que vous fassiez de même, que vous reconnaissiez le devoir.—Cette belle alliance du droit et du devoir constitue l'ordre social. Là résident l'harmonie des intelligences, l'accord et aussi l'indépendance des volontés.

L'ÉLU.

Je vous écoute.

LE VISITEUR.

Il y a une chose que les bons chrétiens demandent chaque jour dans leur prière : c'est le règne de Dieu. Vœu sublime ! Que les droits de Dieu soient reconnus, à l'instant la justice et l'amour apportent à la terre le bonheur et la liberté. Les droits de Dieu sont-ils au contraire méconnus et usurpés par les hommes; le peuple, se plaçant comme autorité première, se prétend-il souverain; les puissances de ce monde se permettent-elles de commander en leur propre nom? aussitôt le règne de la force commence, et sous ce règne immonde, il n'y a de permanent que la guerre, la terreur, l'esclavage. Cette abjecte doctrine avilit l'homme au point d'en faire une machine de mort, que les tyrans de toute origine et de tout nom se passent de main en main, sans laisser

entre eux place pour un rayon de liberté. Comparez le pouvoir qui commande au nom de l'homme à celui qui
commande au nom de Dieu, et me-
surez la distance. Le premier dit à
l'esclave : Obéis; point de milieu entre
ma volonté et les fers. — Le second,
s'adressant aux premiers chrétiens,
leur dit : Soyez soumis, non par crainte
et terreur, mais par devoir de conscience; car l'autorité qui n'est pas
contre Dieu est avec Dieu; son com-
mandement est juste, et l'obéissance
est un devoir. Mais si les hommes,
abusant de l'autorité, venaient à vous
demander des choses que réprouve la
loi de Dieu, ils sont des tyrans, des
usurpateurs des droits de Dieu; réfu-

tez-les, combattez-les s'il le faut. Mieux
vaut obéir à Dieu qu'aux hommes.
Voilà l'homme placé au-dessus des do-
minateurs du monde! Autrefois le Romain, dans quelque pays qu'il fût,
prétendait n'être justiciable que de
Rome. Désormais l'homme, émancipé
par le christianisme, échappe aux volontés arbitraires de tous les juges de
la terre, et ne relève que de Dieu. Un
simple enfant, une vierge, un esclave,
régénérés par les eaux du baptême,
pressés de sacrifier aux idoles, sous
peine d'encourir les vengeances de
l'empereur, diront au juge : Si tu reconnais l'empereur pour ton maître
suprême, je n'ai, moi, d'autre maître
suprême que Dieu, qui m'a créé et

qui m'a racheté par son fils Jésus-
Christ.

L'ÉLU.

Je l'avoue, cela est beau. Cependant, chrétiens ou autres, vous voulez aussi des lois.

LE VISITEUR.

Sans doute, mais des lois justes, des lois tirées d'une source antérieure à toutes les lois de l'homme. Nous ne demandons pas à l'homme de s'interdire tout travail législatif. Imago de Dieu, il a droit aussi d'exercer sa puissance dans le cercle qui lui est tracé. S'il en sort, malheur à lui ! Dans l'excès de vie qu'il a cherché, il trouve la mort. Mais, de même qu'il peut user des éléments matériels mis à sa disposition, sans jamais les détruire, de même qu'il peut combiner les idées premières et les signes qui lui ont été révélés : de même aussi il peut, par des règlements et des lois, modifier la société pour laquelle il a été créé.

L'ÉLU.

Nous y voilà! Comme tous les autres, vous faites des hommes de véritables fabricants de lois. Je ne vois pas en quoi vous différez des doctrinaires, des socialistes et de la multitude des conspirateurs légiférants que j'ai connus.

LE VISITEUR.

Entre eux et moi, il y a le chaos.
Ils prétendent que la loi fait naître le
droit, et je soutiens que la loi ne peut
que protéger un droit préexistant. Ils
prétendent que la loi est la règle du
bien, du juste et du bon ; moi je soutiens qu'elle a pour unique mission de
sauvegarder la justice absolue et la
bonté morale, qui doivent être, sous
peine de nullité, le type de toutes les
lois humaines. Dans leur doctrine, la
loi devient obligatoire par la seule volonté du législateur ou de ses commettants ; je dis qu'aucune volonté n'a le
droit de s'imposer à la mienne, et que
toute loi est digne d'opprobre lors-

qu'elle n'a pas été visée au tribunal du législateur suprême, comme conforme à la charte du genre humain régénéré. Partant du principe que la loi est l'unique règle du pouvoir, vos législateurs ne voient la vertu que dans la légalité ; et vous-même, à leur exemple, vous rêvez une légalité pour changer en vertu le crime, c'est-à-dire pour abolir la vertu. Moi, qui ne reçonnais pas à l'homme le pouvoir de faire ni de défaire la vertu, mais seulement celui de la pratiquer, j'atteste que la désobéissance est vertu quand la corruption du législateur a voulu couvrir ses criminelles usurpations du manteau de la légalité. Ministres de la Providence dans le gouvernement de la société, nos chefs, nos législateurs, sont simplement vis-à-vis d'elle ce qu'est le pouvoir exécutif vis-à-vis du pouvoir souverain. Ils font des ordonnances pour mettre à exécution la loi qui vient de plus haut. Si le législateur, oubliant son rôle, abuse de la confiance ou même du silence du peuple pour agir en maître, il faut lui dire : Non ! Tu pourras me tuer, tu ne me feras pas obéir !

L'ÉLU.

Vous êtes bien fier, chrétien !

LE VISITEUR.

J'ai droit de l'être. Je me sens libre, moi, et je veux rester libre ; et il importe au monde entier que je sois libre. J'ai foi à ma noblesse, à ma grandeur, à ma liberté. Je sais d'où je viens, où je vais, ce que je vaux.

L'ÉLU.

Avec des hommes de cette trempe, toutes les lois seraient impossibles.

LE VISITEUR.

Dites plutôt que les lois ne sont possibles qu'avec des hommes qui penseraient comme moi. Qu'exigeons-nous, sinon de n'être pas les jouets des honteuses, des folles passions de chaque individu ? Autant la loi est digne de mépris et de haine quand elle est viciée par l'usurpation, autant elle est

digne de respect et d'amour, quand,
par un merveilleux accord, elle tient à
la loi divine comme l'enfant qui naît
tient aux entrailles de sa mère. Les
chrétiens, trop grands pour souffrir
d'être conduits comme de vils animaux,
ne demandent pas mieux que de donner la main à leurs frères et de marcher avec ordre et mesure pendant
tout le pèlerinage d'ici-bas. Cherchez
dans d'autres principes autant de sé-
curité pour la liberté des individus et
autant d'éléments de vie sociale! Sur
ce terrain, le législateur chrétien peut
défier tous les politiques et tous les
rêveurs du monde.

L'ÉLU.

A votre compte, avant de choisir

9

des législateurs, il faudrait leur demander s'ils sont chrétiens. .

LE VISITEUR.

Sans doute.

L'ÉLU.

Hum ! Si vous disiez cela publiquement, vous feriez rire.

LE VISITEUR.

Je le sais, et je sais aussi que l'on pleurera d'avoir ri ; on pleurera des larmes de sang. Vous ne seriez ni si menaçants ni si forts, vous et les vôtres, si la société n'avait pas demandé à des païens, à des matérialistes, à des athées de faire la loi qui doit régir des chrétiens. Il eût été moins absurde d'emprunter aux barbares les lois de la civilisation. Nous dont les regards scrutaient l'infini, nous avons fermé les yeux pour nous laisser conduire par des aveugles, et nous errons sans fin dans un dédale sans issue. Le plus grand fléau de l'humanité, c'est l'arbitraire législatif; non pas seulement l'arbitraire d'une raison individuelle, mais l'arbitraire d'une raison nationale ou populaire. Cette raison collective, qui change avec le temps, se modifie avec les climats, s'altère ou se perfectionne avec l'alimentation, s'immobilise par les habitudes, se matérialise par la sensualité, ne peut enfanter que des lois de caprice, d'ignorance et de passion. C'est le despotisme avec tous les inconvénients de l'instabilité.

L'ÉLU.

Traitez la raison comme il vous plaira; du moment que vous admettez des lois, c'est à elle qu'il faut les demander, à moins que vous préfériez vous adresser à la folie.

LE VISITEUR.

Mais c'est la folie toute pure, cette raison, particulière ou collective, qui ne relève que d'elle-même! Avant que d'entrer dans le sanctuaire des lois, je veux que la raison humaine commence par se mettre d'accord avec la raison divine, et qu'elle prenne l'engagement de n'employer à la construction de l'édifice social que les matériaux fournis par la main de Dieu. Appelez à l'œuvre des législateurs chrétiens, l'arbitraire

est à jamais chassé des lois pour tout
ce qui tient aux grands intérêts de
l'humanité. Je le répète : *L'homme ne
cessera d'appartenir à l'homme que
le jour où un législateur vraiment
chrétien saura dire aux puissances
de la terre :* IL NE VOUS EST PERMIS
DE COMMANDER A VOS SEMBLABLES
QU'AU NOM DU CIEL. Attendre des lois
de la raison ! Mais quelle raison, sauf
celle de Dieu, est celle de tout le
monde ? Comment la raison de celui-ci
sera-t-elle législatrice de la raison de
celui-là ? La raison du législateur d'aujourd'hui ne vous convient pas, à vous
législateur de demain ; et tout en vous
révoltant contre cette raison d'autrui,
la vôtre croit si peu à elle-même,

qu'elle se confie uniquement dans la ruse et dans la force. Quand la raison parle tant de langages contraires, la raison se tait; donc, il n'y a plus ni législateur ni législation, et l'homme, quoique environné encore des merveilles de la civilisation, tombe en réalité à l'état sauvage. Voilà un beau résultat de la souveraineté de la raison !... Pour le chrétien, ce malheur est impossible. Il a toujours avec lui la loi des lois, celle qui doit contenir toutes les autres et leur donner son esprit. Adorer et servir Dieu, modèle de toute bonté et de toute justice, honorer l'autorité dans la famille et dans l'État, respecter la vie et les biens d'autrui, mettre une digue aux excès de toutes les passions : voilà tout entière la loi du chrétien, et c'est aussi celle de l'humanité. Que peut faire et que peut durer une législation qui n'en serait pas le développement ?

L'ÉLU.

Véritablement cette loi est belle. Pourquoi ne me l'a-t-on pas apprise ? Peut-être eussé-je été un chrétien fervent !

LE VISITEUR.

Plus d'un est tombé comme vous dans ces cachots avant d'exhaler cette plainte et de savoir qu'il y a une autre justice que celle des hommes. Les fourbes exploiteurs de la raison souveraine, jaloux de conserver sur le peuple l'empire qu'ils ont usurpé, ne permettent pas que la science de·Dieu pénètre jusqu'à lui. L'indépendance chrétienne leur fait peur, et souvent aussi la pensée d'une justice éternelle et d'un éternel châtiment les épouvante. Dans le stupide espoir de débarrasser le monde d'une loi morale trop gênante pour eux, et ne la pouvant refaire, ils essaient du moins de lui fermer l'entrée des esprits. Vous avez eu des maîtres, vous avez fait quelques études, vous avez fréquenté les orateurs des clubs, les docteurs et les inspirateurs des assemblées secrètes, vous avez suivi, sous toutes les enseignes et dans tous les rangs, l'armée des conspirateurs marchant à la

conquête du monde : que vous ont-ils
dit de la loi chrétienne?

L'ÉLU.

Rien. Si par souvenir de famille,
par reste d'habitude, quelqu'un pro-
nonçait parfois le nom de Dieu, ou
semblait avoir conservé quelque ves-
tige de religion, un rire de pitié s'é-
panouissait sur la figure de nos pré-
cepteurs, et c'était assez pour imposer
silence aux plus hardis. Insistait-on, il
y avait des railleries et point de discussion. On parlait de superstition,
d'ignorance populaire, de supercherie
jésuitique. Au fond, rien que des mots.
Sans jamais nous dire pourquoi, nos
maîtres ne dépassaient pas ces arguments. Personne d'ailleurs n'exigeait

davantage. La religion était un instrument de tyrannie à détruire comme le reste, voilà tout.

Malgré vos services et votre énergie, il me paraît que vous n'avez pas été élevé aux plus hauts grades. Pauvres gens! condamnés à donner leur liberté et leur vie pour une œuvre dont ils ne connaissent pas le but, et qui doit en définitive tourner contre eux, même lorsqu'ils échappent à l'ignominie et à la mort! Avez-vous compris le motif de cette obstination à vous cacher la loi de Dieu?

Je crois maintenant l'entrevoir. Afin de garder le sceptre du monde, nos docteurs tiennent un voile sur les yeux du peuple, qui pourrait bien préférer Dieu pour souverain. Devenus maîtres par la doctrine du rationalisme, ils ont résolu de rester maîtres. En dépit de leur secret, j'ai vécu assez près d'eux pour savoir ce qu'ils veulent et ce qu'ils valent. Lorsqu'ils veulent la victoire, ils enflamment notre ardeur en déployant le drapeau de la liberté. Au jour du triomphe, ils brûlent le drapeau, et nous jettent la cendre aux yeux pour nous empêcher de voir les trônes sur lesquels ils vont s'asseoir...... Laissez venir la lumière! Quand le peuple aura pu discerner ses tyrans, vous et moi nous serons vengés.

LE VISITEUR.

Pour nous, chrétiens, vivants, nous ne nous vengeons point ainsi; et quand nous sommes morts, c'est Dieu qui nous venge, en convertissant nos bourreaux. Ne formez plus de ces projets sinistres. La loi de Dieu, que vous commencez à connaître, vous le défend. Dieu ne veut pas la mort du pécheur; il veut, et vous en êtes un exemple, qu'il vive pour ouvrir les yeux à la vérité.

L'ÉLU.

Quoi! les trouvez-vous dignes de grâce?

LE VISITEUR.

Comme homme, ma justice les condamne et ma raison prévoit qu'ils

seront punis. Comme chrétien, je
demande et je désire que Dieu, en
détruisant le mal qu'ils ont fait, les
couvre de sa miséricorde. Quant à leur
crime, il est immense : c'est d'avoir
voulu usurper sur Dieu le gouvernement de l'humanité. Fourbes autant
qu'ambitieux, ils se sont dit : Allons
au despotisme par les lois! Persuadons
au peuple de choisir quelques-uns de
nous et de leur confier sans condition
préalable tous ses intérêts. Maîtres absolus sous un titre révocable qui passera d'individus en individus sans sortir de la caste, pouvoir sans contrôle,
législateurs sans responsabilité, souverains sans passé et sans avenir, sacri-
fiant tout à notre intérêt du moment,

nous nous hâterons de jouir de la puissance, nous ferons des lois qui nous servent, et nous dirons au peuple : « Elles viennent de toi, elles sont pour toi, fais-les respecter. Grâce à nos lois, tout maintenant t'est soumis. Te voilà grand et fort, et tu règnes par la légalité. »

L'ÉLU.

En vérité, je l'ai cru.

LE VISITEUR.

Ce n'est pas de nos jours que date cet adroit subterfuge. Il a été employé depuis le commencement du monde par les tyrans de la pire espèce, ceux qui, se sentant lâches, ont besoin de se faire autoriser au crime. Le profit est pour eux ; tout l'odieux reste au peuple, qui a, sans aucune compensation, aliéné sa liberté. Ses maîtres lui font payer cher leur ouvrage! En l'asservissant, ils le ruinent. Seulement, plus ils l'écrasent, plus ils exaltent le pouvoir qu'ils tiennent de lui. La voix du peuple est la suprême loi! la voix du peuple est la voix de Dieu! Aucune volonté ne peut s'opposer à la volonté collective du peuple! Quand le peuple a parlé, tous les citoyens n'ont plus qu'à se taire et à faire! Voilà leur langage. Ils vont plus loin. Craignant qu'à côté des droits de l'homme dont ils sont investis, quelque insurgé ne vienne placer les lois de Dieu, ils se hâtent de déclarer que la loi ne reconnaît pas Dieu : la loi est athée.

L'ÉLU.

Ici je vous arrête. L'aristocratie démocratique a proclamé l'existence de Dieu. Je l'ai lu dans le *Conseiller du Peuple*.

LE VISITEUR.

Inutile supercherie ! S'apercevant trop tard qu'un peuple sans croyance et sans frein n'est pas facile à manier, ils se sont empressés, comme au temps de Robespierre, de lui donner un Dieu. L'Être suprême a été reconnu par décret authentique, et presque déclaré citoyen français. Vous croyez que cet Être suprême est le Dieu des chrétiens, l'ami des pauvres, le consolateur des affligés, le soutien et le vengeur des faibles, enfin le Dieu juste qui punit les méchants? Erreur! Avant de le fabriquer, nos bourgeois ont pris mesure sur eux-mêmes. Ils l'ont doué d'une complaisance sans bornes pour tous les jeux de leur politique. On peut faire ce que l'on voudra : pourvu que le peuple respecte la légalité, Dieu est content. Cette idolâtrie est trop grossière. Le peuple un jour découvrira la fraude, brûlera l'idole et se jettera dans la barbarie, en attendant que la société, pleine de terreurs et de repentir, relève les autels du Dieu juste, qu'elle avait cru renverser impunément.

L'ÉLU.

Pensez-vous qu'elle y vienne?

LE VISITEUR.

Oui, et bientôt. Tout esprit droit, tout cœur honnête comprend enfin que c'est dans la loi de Dieu qu'il faut jeter l'ancre toujours arrachée de la législation sociale, et qu'aucun autre fonds n'est assez solide contre la force du courant. Sous les noms divers de liberté, d'égalité, de fraternité, d'assistance, de droits de l'homme, le peuple redemande le christianisme. Ces droits prétendus, qu'aucune politique ne peut réaliser en conservant l'ordre social, sont les noms sous lesquels son instinct trompé, mais persévérant, désigne un droit véritable, qu'il avait autrefois et qu'il n'a plus : le droit à la lumière, le droit à la prière, le droit à l'espérance, le droit à la vérité ; en un mot, le droit de vivre de la vie de la foi. Droit spirituel et matériel en même temps ; car la société, vivant tout entière de la vie de la foi, ne laisserait dans l'oppression, dans l'ignorance et dans le désespoir, aucun de ceux qui la composent. Il faut que le grand nombre, qui est pauvre, sache pourquoi il y a des riches et des pauvres ; il faut que le grand nombre, qui est soumis, sache pourquoi il y a des supérieurs et des subordonnés ; il faut que la liberté, l'égalité, la fraternité soient autre chose qu'une vaine inscription barbouillée un jour d'émeute sur des murailles arides, où le passant, quel qu'il soit, ne lit

qu'une menace de vengeance et de
guerre; il faut que le droit à l'assistance ne reste pas une question indé-
cise entre la mitraille et le pavé. Tout
cela, le christianisme l'avait fait, le rationalisme l'a défait, le christianisme
seul le peut refaire. Ni l'anarchie ni
la dictature n'en viendront à bout. La
force, de quelque côté qu'on l'emploie,
ne réussira qu'à aggraver le mal, et
les cœurs sincères, dans les deux
camps, en sont d'accord. Mon Dieu!
peut-être qu'on s'entendrait bien vite,
après les leçons de ces dernières années, et qu'on épargnerait au monde
beaucoup de sang et de misères; car
l'instinct chrétien, s'il se déprave dans
les masses et les pousse au socialisme,

se ranime dans une portion notable des classes élevées, pour leur rendre faciles les sacrifices qu'elles auront besoin d'accomplir. Mais, d'une part, il reste là encore beaucoup d'ignorance et de brutalité rationaliste, et, d'une autre part, il y a l'indomptable perversité des hauts directeurs des sociétés secrètes. Appuyés sur le philosophisme bourgeois, ces hommes de l'enfer ne laisseront reposer l'humanité que dans un lit de sang.

L'ÉLU.

Rassurez-vous. Ils sont avides et ils veulent s'emparer du pouvoir pour satisfaire leurs convoitises; mais une fois là, ils ne demanderont qu'à faire régner l'ordre et la légalité. On peut toujours s'entendre avec eux.

LE VISITEUR.

Vous n'avez pas connu les plus grands, ni l'œuvre à laquelle ils vous employaient. Ils ne sont point pauvres, ils n'aspirent point au pouvoir, ils n'aiment point le peuple, et les plus mauvais princes les verront toujours parmi leurs courtisans. Ils haïssent le Christ qui donna son sang pour racheter le monde; c'est sa loi qu'ils veulent abolir, c'est le Christ éternel qu'ils veulent faire descendre du ciel, où il trône à côté du Créateur de l'humanité divinisée en lui. Voilà leur passion et la guerre que leur orgueil a déclarée. Vous avez cru conspirer contre les pouvoirs de ce monde, vous avez conspiré contre Dieu et contre la race humaine. Pour satisfaire l'exécrable impiété de quelques scélérats oisifs qui se lèguent d'âge en âge la folle entreprise d'abattre l'arbre du Calvaire, vous avez ourdi toutes ces trames, frappé tous ces coups qui retombent en oppression, en deuil, en misère sur la foule des faibles et des malheureux.

L'ÉLU.

Mais pourquoi Dieu, puisqu'il est tout-puissant, permet-il ces forfaits?

LE VISITEUR.

L'homme est libre, et Dieu respecte sa liberté. En lui défendant le mal, il lui laisse le pouvoir de mal faire; mais la loi divine est gravée au fond de nos cœurs, et nul ne l'ignore assez pour la transgresser innocemment. Dieu, qui voit tout, mesure à la grandeur des offenses les punitions dont nous ne pouvons apprécier ici-bas ni la justice ni la sévérité. Ce qu'il nous permet de voir, c'est que la nation pécheresse se livre elle-même aux hommes et aux œuvres qui la tourmentent, et que ces mêmes hommes, par ces mêmes œuvres, la ramènent malgré elle et malgré eux dans l'ordre divin, dont ils avaient tous ensemble prétendu s'affranchir. A travers le chaos présent, une lumière céleste nous montre que, dans l'heure même où la justice divine nous flagelle, la miséricorde divine nous soutient et

nous sauve. Comment n'avons-nous
pas encore péri ? Par quel miracle tant
de plans habiles pour nous plonger
dans le néant, et un concours si fu-
neste de nos volontés à tous ces plans
poursuivis avec une science infernale,
n'ont-ils produit que le combat et non
la mort ? Qui a mis en fuite les chefs
de la conspiration antisociale et anti-
chrétienne, un moment vainqueurs
partout ? Et pourquoi vous, l'un d'eux,
êtes-vous ici, loin de vos gens, captif
avant la bataille ? Pourquoi, au lieu
d'aiguiser votre poignard, entendez-
vous une parole qui peut réussir à
l'émousser ? Pourquoi, tandis que la
main de fer de la justice humaine pré-
serve la société de vos coups, la mi-

séricorde divine s'efforce-t-elle, par
ma voix, à vous préserver de vous-
même? Vous voyez bien que Dieu
veille, vous voyez bien qu'il est juste
et bon.

L'ÉLU.

Croyez-vous donc que Dieu puisse
songer aussi à moi et me prendre en
pitié?

LE VISITEUR.

Je fuis mieux que de le croire; j'en
suis sûr, et je l'affirme. Son pardon
vous est offert, il dépend de vous de
le recevoir plein et entier. Si vous le
voulez, ce ne sont pas des lettres de
grâce qu'il vous donnera, c'est la robe
d'innocence. Domptez vos passions,
renoncez à vos projets homicides,

abandonnez vos idées de vengeance :
lui aussi renoncera tout de suite à se
venger.

L'ÉLU.

Vous demandez beaucoup.

LE VISITEUR.

C'est Dieu qui demande. Tout grand
que vous pensez être, vous avouerez
sans doute qu'il est plus grand, et
qu'il aurait quelque droit d'être plus
fier que vous. Cependant il fait les
premiers pas. Il oublie quarante années d'une vie dont pas un jour peut-
être ne fut sans offenses, et il m'envoie dans ce cachot vous dire de sa
part, à vous condamné, enchaîné,
flétri : Mon fils, voulez-vous être par-
donné ?

L'ÉLU (*après un silence*).

Écoutez, j'ai besoin d'y songer. J'ai peine à croire que vous soyez venu, que Dieu vous ait envoyé en vain... Et pourtant, jamais ma fierté n'a reçu un coup semblable. Devant vous, je me sens incertain de ma volonté, je ne trouve pas à vous répondre comme je voudrais, j'éprouve, en songeant à ma vie passée, plus de confusion que d'orgueil. Votre Dieu est bon, sa loi est belle. A mesure que vous m'en parlez, il me semble les retrouver dans ma pensée. Une loi égale pour tous, juste et protectrice pour tous, même pour ceux qui l'ignorent, même pour ceux qui n'en veulent pas, voilà bien ce que rêve la

conscience de l'homme en ses meilleurs
moments, sans que jamais son esprit
puisse créer une forme à ce rêve. Le
caractère d'universalité de loi chrétienne m'annonce que la vérité est là.
Pourquoi nierais-je davantage que j'en
suis émerveillé et accablé? Je ne re-
culais pas devant la raison qui me
conduisait à verser le sang; j'espère
que je ne reculerai pas devant la raison qui me conduirait à prier et à me
soumettre. Mais permettez-moi une
objection : il me semble que cette loi
purement religieuse, dont nous par-
lons, n'a rien à démêler avec les lois
civiles.

LE VISITEUR.

Vous vous trompez; la loi religieuse

est la mère qui enfante toute loi. La
loi civile ne commence à devenir mau-
vaise que quand elle commence à s'é-
loigner de la loi de Dieu. Pour donner
à leurs crimes les apparences de la
justice, les tyrans de tous les âges
ont premièrement nié ou éludé la loi
religieuse. Là où se trouve le droit
divin, le droit de l'homme ne peut se
faire de place qu'en l'effaçant. Quand
Henri VIII, se déclarant souverain
dispensateur des droits de Dieu, fut
devenu l'arbitre suprême de sa nation
avilie, que lui restait-il à ménager?
Il avait l'autorité nécessaire pour lé-
gitimer les cruautés et les turpitudes
qui fermentaient dans le fond de son
cœur. Meurtres, adultères, spolia-

tions, tout fut bien, tout fut juste; la
légalité couvrit tout. Lorsque, au commencement de la grande révolution
qui continue, une moitié de la France
égorgeait l'autre, était-ce crime? Tout
se faisait au nom de la loi. Si les
socialistes parvenus au pouvoir pouvaient se dispenser d'employer la vio-
lence et de répandre le sang, les
paysans les plus timorés se partageraient
les biens d'autrui sans le moindre scru-
pule : ils croiraient ne rien prendre à
personne, ils recevraient tout de la loi.
Quand Dieu est arraché des lois humaines, elles deviennent un gouffre
qui vomit le crime et qui se remplit de
sang. Rien ne ferme l'abîme, rien ne
le comble. D'honnêtes esprits, encore

attachés à la chimère de la raison collective, espèrent aux assemblées. Là, disent-ils, les mauvais desseins se paralysent pour laisser sortir de bonnes lois. Je crois au contraire que les bons desseins se frappent réciproquement d'impuissance pour laisser le champ libre au mal. Où se trouvent des hommes pour toutes les convoitises, là se forment des volontés pour tous les forfaits. Les cupides feront décréter la spoliation, les impies feront proscrire le culte, les envieux feront assassiner le génie, les débauchés saccageront la morale, les sanguinaires demanderont les exécutions en masse, et les lâches, heureux de gagner un jour, accorderont tout. Également pressés de se gorger de richesses et de jouissances, parce que l'anarchie ne dure qu'un moment et que chacun travaille à préparer un dictateur, tous, avec le même empressement, multiplieront les impôts. Ardents à dévorer leurs sujets, ces rois de hasard les accableront du poids de leur règne d'un jour. Puis, quand on aura ruiné le peuple, pour se débarrasser de sa faim et de ses murmures, on le jettera dans quelque guerre, qui le rendra sage en le décimant. Tout cela se fera à la majorité des voix; tout cela sera bien, sera juste, sera bon; c'est la légalité, c'est le droit et le bon plaisir du peuple souverain! Quel moyen y a-t-il d'éviter ces horreurs qu'on a déjà

vues, et dont le souvenir soulève inu-
tilement l'indignation ? Elles n'eussent
pas été possibles avec des législateurs
chrétiens, parce que la raison collective des législateurs chrétiens n'est
autre que la raison de Dieu. Avec des
législateurs rationalistes, elles sont
possibles encore, et non-seulement
possibles, mais imminentes. Quand
même la majorité de ces législateurs
serait relativement bonne, éclairée,
pacifique, la minorité des méchants
peut l'emporter, et l'emportera toujours en appelant à son aide la popu-
lation des grandes villes, au sein de
laquelle une incrédulité abrutissante a
dès longtemps étouffé tout sens chrétien. Une société qui a défait la léga-

lité divine n'a pour se sauver qu'un parti à prendre : c'est de demander à Dieu de la refuire.

Résumons-nous, établissons nettement les deux points de la question qui nous divisait au commencement de cet entretien, et qui nous divisera tant que vous n'aurez pas formellement abjuré vos projets et vos erreurs.

Renfermés dans ces quatre murs si étroits, nous représentons la société tout entière avec ses doctrines politiques, morales et religieuses; avec ses dissensions, ses émeutes et ses guerres civiles; avec ses éléments de justice, de progrès et de civilisation; avec ses causes de trouble, de dissolution et de barbarie. Nous sommes placés, vous et moi, aux deux extrémités de la question sociale. Je suis l'avocat de la tradition et de la raison universelle qui a commencé avec le monde, le partisan du droit divin; je défends l'indépendance de l'homme vis-à-vis de l'homme, je maintiens sa dépendance vis-à-vis de Dieu. Je veux pour me donner des lois, non des maîtres absolus, travaillant sur une table rase, sans autre règle qu'une raison faillible et capricieuse, mais des législateurs contenus par un droit antérieur, qui ne peut être que le droit divin. J'exige que ces législateurs soient soumis au devoir comme tous les hommes; j'exige qu'ils soient guidés dans leur épineuse carrière par des principes

sûrs, immuables, éternels; j'exige
qu'ils croient à la justice de Dieu.
Vous êtes, vous, le libre penseur par
excellence, le partisan sincère de la
liberté absolue, l'ennemi déclaré de
toute loi politique, civile et morale, le
plus avancé défenseur de la souveraineté de la raison. Vous rejetez toute
tradition, tout droit, tout devoir, vous
niez toute responsabilité. Vous décla-
rez l'homme indépendant de Dieu, et
vous le soumettez à l'homme. Vous
vous érigez de votre autorité propre
en législateur, pour abolir toute législation; vous voulez que chaque individu soit pour lui-même sa loi, son
juge, sa force. La raison vous pousse
jusque-là, sous peine d'inconséquence.

11

Moi, tranquille adorateur de la loi dictée au premier homme dès le premier jour du monde, — loi qui a suivi les peuples dans leur dispersion, qui s'est de nouveau formulée sur le Sinaï et qui a reçu de la bouche du Christ son perfectionnement, — je présente à la terre un principe d'unité, une force qui relie (religionne) les hommes entre eux; j'apporte les éléments d'une raison commune, les textes d'une loi naturelle destinée à servir de base à toutes les lois. Vous, contempteur de toute autorité morale, sauvage défenseur de la force personnelle, séide obligé de l'individualisme et du libre examen, vous jetez au monde un ferment de discorde et de dissolution.

Ma doctrine, certaine, immuable, in-
dépendante de la volonté créée, ne
cesse pas un instant de provoquer les
individus à s'unir. Elle les rassemble
dans les cités, elle augmente leur
force en associant leurs esprits et leurs
bras, elle produit les merveilles de la
civilisation. La vôtre, tiraillée dans
les incertitudes de l'esprit individuel,
tend à séparer les hommes, à les af-
faiblir, et par là les mène à la barbarie. Je leur ouvre des temples et des
palais; vous leur montrez du doigt la
forêt où ils auront le gland pour pâ-
ture. Prenant en Dieu le point de départ et le but final, je place l'homme
entre deux infinis qui lui appartiennent :
image de Dieu, ayant sans cesse en

perspective ce modèle divin, le chrétien travaille sans relâche à son perfectionnement moral, source de tout perfectionnement matériel; il est sur la voie d'un progrès qui ne finit qu'en Dieu et dans l'éternité. Vous, au contraire, ne donnant à l'homme que lui-même pour point de départ, et pour but, vous resserrez son existence, vous bornez ses facultés, vous l'attachez et vous l'abrutissez sur la matière. Votre premier pas dans la vie, ce n'est pas le progrès, c'est la mort.

L'ÉLU.

Tels que vous nous placez, nous sommes en effet, ou plutôt nous étions aux deux termes opposés de la question, et c'est pourquoi peut-être nous pouvons nous toucher et nous comprendre. Mais nous ne sommes pas seuls ; il y a quelque chose entre vous et moi, quelque chose de considérable et qui nous fait la loi à tous deux.

LE VISITEUR.

Il n'y a rien de stable. Il faut aller à vous ou venir à moi, et c'est ce qu'a dit avec beaucoup de vérité et de sincérité l'un des vôtres. Pour la raison, point de milieu possible entre le catholicisme le plus orthodoxe et le communisme le plus avancé.

L'ÉLU.

Je voudrais que vous eussiez entendu le magistrat qui me fit subir un premier interrogatoire quand je fus arrêté.

Sans vous répéter ses paroles, n'est-il pas vrai que le monde regorge de casuistes qui ne sont ni de votre côté, ni du mien ? Ce sont les potentats de la fortune, de la science, de la politique. Parlez-leur, vous les trouverez tous également enclins à se ranger avec moi contre vous, avec vous contre moi. Ce juste milieu nous fait la loi, vous êtes bien forcé de l'admettre.

LE VISITEUR.

Cette race amphibie, qui est toujours du pays où elle trouve le plus à brouter, je la connais. Elle n'a pas de caractère assez fixe pour constituer une espèce définie. C'est un monstre sans queue et sans tête. Il a volontairement et de propos délibéré aban-

donné ces deux parties de l'être, sa
queue dans votre camp, sa tête dans
le mien, pour concentrer dans le ventre
toute sa vie. Il ne pense pas, il sent;
et quoiqu'il se soit emparé du monde,
il ne le gardera pas, car le monde ne
peut être conduit que par la pensée.
Placés entre la vérité logique qui vous
appartient et la vérité de principe qui
est à nous, les hommes de juste milieu vivent uniquement de mensonge :
le mensonge tue. Ne voulant ni s'éle-
ver jusqu'à nous qui touchons au ciel,
ni descendre jusqu'à vous qui leur
disputez la terre, leur masse flotte sans
point d'appui entre deux abîmes où
elle disparaîtra bientôt. Déjà ils com-
prennent le péril. Ils se portent tantôt

à droite, tantôt à gauche, cherchant
et ne trouvant pas où s'accrocher. Ce
qui leur semble un prodige de leur
politique, n'est que l'instinct de la fai-
blesse qui les perdra. Quand vous me-
nacez leur existence dorée, ils saluent
le prêtre, ils viennent à l'église invo-
quer contre vous le Dieu des chrétiens. Quand vous avez perdu une
bataille et laissé assez d'hommes sur
le carreau pour vous résigner au silence, alors ils tournent vers nous des
yeux irrités, ils nous demandent pourquoi nous proclamons des dogmes qui
troublent la joie de leur triomphe et qui
les remplissent d'une secrète terreur.
Ils en appellent à vous, ils nous mon-
trent vos bras prêts à démolir nos tem-

ples ; comme si en renversant les murailles ils pouvaient écraser le Dieu et la loi ! La paix se continue-t-elle, leur oubli devient plus profond, et leur colère plus intraitable. Ils s'arment de votre suffrage pour faire des lois contre nous d'abord, mais aussi contre vous. Ils n'en font en réalité que contre eux-mêmes, qui seront écrasés dans ces chocs qu'ils provoquent entre le peuple et Dieu.

L'ÉLU.

Ah ! si le peuple voyait clair !...

LE VISITEUR.

La lumière se fait lentement dans les intelligences, mais elle se fait. Elle a sa source à des hauteurs où aucune main impie ne peut atteindre. Le nuage passera ou crèvera, et le soleil de Dieu versera ses rayons sur la terre épanouie. Quant à nous, prions Dieu de ne pas nous choisir pour ministres de sa colère. Remercions-le de nous donner l'espérance, demandons-lui de répandre le pardon...

Le temps qu'il m'est permis de vous consacrer est expiré, je vous quitte.

L'ÉLU.

Vous reverrai-je?

LE VISITEUR.

Vous seriez mon frère que je n'aurais pas plus d'empressement à vous revoir. Acceptez un livre, le seul que je porte toujours avec moi. C'est le catéchisme, le livre de la science universelle. Vous savez lire, vous êtes intelligent, ce livre suffira pour vous ouvrir un monde. Adieu.

L'ÉLU.

Adieu. Je vous remercie des remords que vous me laissez.

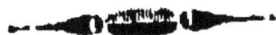

III.

L'*Élu* est assis dans sa cellule, un livre à la main. Il lit avec attention, s'interrompant quelquefois pour réfléchir. Sa lecture achevée, il se lève et marche à pas lents ; quelques paroles coupées par des intervalles de silence s'échappent de ses lèvres.

« Il faut se soumettre. Lutter plus longtemps serait fou et serait lâche. Ce n'est plus l'esprit, c'est la chair et le sang qui résistent. J'ai été trompé ; je me suis trompé. Je n'ai pas les

droits que j'ai cru avoir sur mes semblables ; je ne les ai pas sur moi-même.
Il y a un Dieu, mon maître, mon créateur, mon père, à qui j'appartiens, à
qui appartient toute chose. Il est tout-
puissant : ses desseins s'accomplissent
sur nous, par nous, malgré nous. Il
est bon. Il pouvait m'écraser, il me
relève. Au lieu de m'abandonner à
mes fureurs, il m'a mis dans l'impossibilité de nuire ; au lieu de me
laisser périr ici dans les ténèbres et
dans le désespoir, il m'envoie la lumière et la paix. Il me fait voir la justice !... Dieu puissant, Dieu de miséricorde et de justice, père des pauvres,
qui seraient consolés si l'on suivait ta
loi ; appui des opprimés, plus heureux

lorsqu'ils t'aiment que leurs persécu-
teurs; vengeur des âmes qui se réfu-
gient en toi, je te connais, je t'adore
et je te demande pardon ! Tu as dé-
fendu contre moi tes autres enfants,
défends - moi maintenant contre moi-
même : achève ton ouvrage, fais-moi
chrétien. »

En disant ces mots, l'*Elu* tombe à
genoux et pleure.

Un bruit de verrous interrompt sa
prière. Les guichetiers ouvrent la porte
de sa cellule et font entrer un second
prisonnier. En proie à la plus violente
colère, ce nouveau venu menace d'une
prompte vengeance ceux qui viennent
de l'enfermer et qui se sont retirés
sans lui répondre. L'*Elu* le regarde

avec surprise, l'écoute quelques in-
stants et lui adresse enfin la parole.

L'ÉLU.

Calmez-vous. Votre colère est vaine.
Ces murs sont muets.

LE PRISONNIER.

Ma voix les percera ; elle m'amènera
des vengeurs.

L'ÉLU.

Je me suis fait cette illusion, et je
suis encore ici. J'avais des amis pourtant, des soldats même, et bien décidés
à me reprendre.

LE PRISONNIER.

Êtes-vous aussi prisonnier politique?

L'ÉLU.

Je l'ai dit, et je l'ai cru. Ne me re-
connaissez-vous pas ?

LE PRISONNIER.

En effet, je vous ai vu quelque part.

L'ÉLU.

Dans une prison, où vous m'avez interrogé. Je suis l'homme qui se faisait alors appeler l'*Élu*.

LE PRISONNIER.

Ainsi, l'on pousse l'indignité jusqu'à me faire partager le cachot d'un scélérat !

L'ÉLU, *avec un mouvement de colère bientôt réprimé.*

Ce scélérat avait sur vous l'avantage de la raison et de la sincérité... Mais je ne dois plus parler ainsi. L'Élu des sociétés secrètes refuserait aujourd'hui leurs suffrages. Je suis un homme puni et qui accepte sa peine parce qu'elle vient d'une main juste et clémente. Un jour, cette main nous assignera nos places définitives. En attendant, la société ne peut alléguer contre vous les griefs qu'elle a contre moi, et si nous avons le même cachot, c'est l'effet de l'erreur ou de la précipitation. Prenez ce mal en patience.

LE PRISONNIER.

Vous paraissez n'être plus le même.

L'ÉLU.

J'ai beaucoup réfléchi. Je vous souhaite d'avoir ce bonheur en moins de temps et à des conditions moins dures.

LE PRISONNIER.

Sauf cette cellule, il n'y a rien de commun entre nous. Vous vous êtes sagement incliné sous le poids sacré de la loi; je me révolte contre l'illégalité la plus coupable dont il y ait trace dans les annales humaines.

L'ÉLU.

Oh! oh!

LE PRISONNIER.

Savez-vous qui je suis, quel caractère auguste et inviolable est outragé en moi?

L'ÉLU.

Non.

LE PRISONNIER.

Je suis représentant du peuple.

L'ÉLU.

Ah!

LE PRISONNIER.

Deux ou trois cents de mes collè-

gues, membres du souverain comme
moi, sont comme moi jetés dans les
fers. Il n'y a plus de représentation
nationale. L'Assemblée est violée,
dispersée, capturée, elle encombre les
prisons.

L'ÉLU.

Voilà ce que je vous disais. C'est à
cause de l'encombrement que vous
partagez ma cellule. Vous n'aurez pas
longtemps ce déplaisir.

LE PRISONNIER.

Vous apprenez froidement ces nouvelles étonnantes. Elles devraient vous
toucher davantage, car ce n'est pas
votre parti qui l'emporte.

L'ÉLU.

Vous n'avez pas besoin de me le

dire. Si ceux à qui j'ai commandé triomphaient, je serais hors d'ici, et vous n'auriez pas eu le temps d'y arriver. Qui donc a mis la main sur vous?

LE PRISONNIER.

C'est le pouvoir exécutif.

L'ÉLU.

Rendez-lui grâce. Vous étiez jugés et condamnés, et votre heure était proche.

LE PRISONNIER.

J'aurais mieux aimé succomber en combattant vos bandits, que d'assister comme j'en ai la douleur à la mort ignominieuse du gouvernement parlementaire et de la liberté.

L'ÉLU.

Hélas! vous n'auriez point combattu,

et vous auriez vu périr autre chose encore que le gouvernement parlementaire et la liberté. Je le répète, votre heure était proche. Vous pensiez avoir encore quelques mois, peut-être n'aviez vous plus que quelques jours.

LE PRISONNIER.

Nous étions les plus forts. Si certains hommes, maintenant vaincus sans combat, ne s'étaient pas laissé prévenir, le gouvernement parlementaire serait aujourd'hui victorieux du despotisme et de l'anarchie.

L'ÉLU.

Vous voulez dire que vous auriez fait vous-mêmes le coup d'État. Vous auriez mis en prison quelques douzaines de personnes sacrées et inviolables, dispersé le souverain, concentré en vous le pouvoir, et confisqué les libertés publiques.

LE PRISONNIER.

Nous l'aurions fait légalement.

L'ÉLU.

Sans doute, puisque vous auriez fait ensuite la légalité.

LE PRISONNIER.

Maintenant je vous reconnais, et ce langage me prouve que vous n'êtes pas aussi changé qu'il semble.

L'ÉLU.

Pourquoi ne penserais-je plus aujourd'hui de la légalité politique ce que j'en pensais au temps que vous me rappelez? Vous l'aviez faite fragile en la brisant dans les mains d'autrui;

on la brise dans les vôtres. Il fallait s'y
attendre. Si vous aviez échappé au
pouvoir exécutif, les sociétés secrètes
vous attendaient et vous n'échappiez
pas. Ni au-dessus de vous, ni au-des-
sous de vous, ni parmi vous, personne
ne croyait à cette chimère que vous
appeliez votre sacre. Je suis bien sûr
qu'on vous a enlevés en plein jour,
sous les yeux de Paris indifférent?

LE PRISONNIER.

Il est vrai, et j'en suis aussi con-
sterné qu'indigné.

L'ÉLU.

Ne vous fâchez point de ce que je
vais dire. Bien qu'élu en dehors de
toutes les formes légales, j'étais aussi,
moi, un représentant du peuple, —

représentant d'erreurs monstrueuses
et détestables, j'en conviens. — Mais
enfin, un signe m'aurait suffi pour
faire lever des milliers d'hommes décidés à donner leur vie. J'étais une
idée, une passion, un instinct éternel
de la multitude : l'instinct de la misère excédée, de la vengeance et de
la liberté sauvages. La main qui vous a
jetés bas est puissante par un instinct
tout contraire, et qui cependant s'agite
souvent dans les mêmes esprits et
dans les mêmes cœurs, l'instinct du
pouvoir, de la domination hardie, de
l'autorité pleine, parfaite et triom-
phante. Entre ces deux instincts, qui
sont le fonds de la nature populaire,
et qu'aucune légalité ne peut détruire,

vous deviez être écrasés en dépit de tous vos savants artifices, par une force que vous êtes dans l'habitude de compter pour rien.

LE PRISONNIER.

Quelle force?

L'ÉLU.

La force des choses. Vous vous appeliez la représentation nationale, vous n'étiez que la représentation ou plutôt le tohu-bohu de toutes les nuances du parti libéral, de ses petites idées, de ses petits moyens, de sa jalousie taquine et avocassière qui veut enchaîner le monde dans des fils d'araignée.

LE PRISONNIER.

Ainsi, vous bannissez de la terre la justice, la liberté sage, la loi. Vous

12

livrez tout au combat hasardeux du
despotisme et de la révolte. Sont-ce là
vos nouvelles idées?

L'ÉLU.

Ce ne sont pas mes idées d'aujour-
d'hui, ce sont les vôtres qui ont aban-
donné les peuples aux chances de ce
jeu terrible, en leur laissant oublier la
loi, l'existence et souvent jusqu'au
nom de leur créateur. Mon tort et mon
malheur, à moi, furent de croire la révolte et le despotisme également légitimes. Cette erreur qui m'a perdu, je
la tenais de vous.

LE PRISONNIER.

De moi?

L'ÉLU.

De vous, libéraux, qui, suivant que

vous étiez l'opposition ou le pouvoir,
tantôt nous prêchiez la révolte, tantôt nous faisiez subir votre légalité.
Dans mon erreur et jusque dans mon
crime, une certaine raison me guidait,
une certaine justice m'animait. J'étais
indigné de voir toujours le peuple condamné à mettre sa force au service de
vos ruses. Je voulais lui rendre tous
ses droits et le mettre pleinement en
possession de sa liberté, sans m'arrêter
à regarder ce qu'il en pourrait faire.

LE PRISONNIER.

Voulions-nous autre chose que donner au peuple tous ces droits, toute
cette liberté, en l'empêchant seulement de s'en servir contre lui-même ?

L'ÉLU.

Brisons là. Sur ce point la dispute entre nous serait éternelle. Vous avez une manière d'entendre les droits du peuple que moi, homme du peuple, je n'entendrai jamais, et que le peuple n'acceptera jamais. Je veux bien un maître, mais je ne veux pas que ce maître soit vous, classe moyenne, à qui la nature refuse le large et équitable génie de la royauté. J'ai cessé d'être socialiste et communiste, mais je ne suis pas devenu libéral.

LE PRISONNIER.

Vous êtes absolutiste. Vous n'avez pas changé.

L'ÉLU.

Absolutiste, soit. J'ai maintenant

un souverain à qui je reconnais en effet des droits absolus.

LE PRISONNIER.

Et vous le nommez?...

L'ÉLU.

Je le nomme DIEU. Vous ne le connaissez pas.

LE PRISONNIER.

J'en ai du moins entendu parler, et je n'ai pas ouï dire qu'il eût souvent l'habitude de quitter le ciel, où il demeure, pour venir ici-bas nous gouverner directement. En attendant qu'il vienne, ce qui peut être long, vous reconnaissez sans doute ses pouvoirs à quelque mortel, et ce mortel exerce ainsi, envers les hommes, toutes les

prérogatives de la divinité. Croyez-
moi, la loi vaut mieux.

L'ÉLU.

Les législateurs qui ne croient point
en Dieu s'arrogent très-bien toutes ces
prérogatives, et la loi qu'ils font est un
despotisme sournois et irresponsable,
le pire de tous, car il dure plus longtemps. Le despotisme de l'homme ne
peut faire tomber que des têtes ; le
despotisme de la loi fausse les esprits,
gâte les cœurs, fait tomber les vertus,
et transforme une nation en je ne sais
quel lac de boue qui finit par se tein-
dre de sang.

LE PRISONNIER.

Donc, vous voilà chrétien, et prêt

sans doute à jeter au feu les hérétiques?

L'ÉLU.

Je voudrais et j'espère devenir chrétien. Si votre éducation, meilleure que
la mienne, vous a laissé quelque souvenir des vérités que j'ai connues trop
tard, vous devez savoir que mon Dieu
n'est pas un despote. Il n'est pas venu
sur la terre pour. y instituer l'esclavage; il n'a pas besoin de se rendre
visible parmi nous pour se faire connaître et pour être obéi. Nous possé-
dons sa loi, que vous avez combattue,
et qui n'a pas péri encore. Il garde sa
force, qu'il ne donne pas à qui la veut
prendre, mais à qui bon lui semble, et
pour le temps qu'il lui plaît. Nous en

savons bien quelque chose, vous et
moi, qui avons si savamment et si vai-
nement essayé de la garder ou de nous
en emparer! Il fera ce qu'il a fait toujours. Pour nous sauver si nous avons
obtenu sa pitié, pour nous punir si
nous avons trop mérité sa colère, il
nous donnera des maîtres, —les uns que
nous n'aurons pas voulus, les autres
que nous aurons cru choisir, — et ces
maîtres accompliront, quels qu'ils
soient, ses desseins. Quant à moi, qui
maintenant bénis sa justice et qui sais
que la prière seule désarme sa vengeance, je m'incline, je me soumets,
et je le prie de pardonner à un peuple
abusé. Non! je ne suis pas prêt à
brûler les hérétiques. Je supplie Dieu,

au contraire, d'éteindre les bûchers que l'hérésie politique et religieuse elle-même a préparés et allumés de ses mains, et où elle se jette inévitablement. Je ne demande ni un Néron, ni un Robespierre, ni un tranquille impie qui salisse et dissolve dans les jouissances matérielles les principes de salut que d'autres coupables ont voulu noyer dans le sang. Je prie Dieu d'envoyer au peuple un juge et un père, un homme de justice et d'amour, qui croie et qui aime, qui se connaisse une âme et qui la veuille sauver. C'est celui-là qui rétablira l'ordre, qui fera régner la paix, et qui nous rendra libres en ouvrant nos yeux à la lumière et nos cœurs à la charité.

LE PRISONNIER.

Pauvres cerveaux! Toujours dans les chimères, toujours dans les extrêmes!...

L'ÉLU.

Entre ces deux extrêmes qui vous épouvantent également, le christianisme et le socialisme, vous avez peut-être encore la liberté du choix, mais il faut choisir, car ce sont désormais les deux seules réalités de ce monde. La vraie chimère est l'entre-deux où vous prétendez rester. L'eau monte; il faut se réfugier derrière la digue ou périr dans les flots. Cette digue, vous avez cru que c'était la légalité. Vous voyez ce qu'elle peut arrêter et le temps qu'elle dure.

LE PRISONNIER.

Bah! ce qu'un coup d'orage a détruit, nous le réparerons en un jour. Ceux mêmes qui viennent de nous renverser nous relèveront.

L'ÉLU.

L'ouvrage réparé n'en sera pas plus solide, et le flot populaire, toujours plus furieux, montera toujours. Je sais mieux que vous ce qui s'agite dans le sein profond de ces multitudes. J'y ai vécu. Un levain surnaturel y fermente et les soulève. C'est le fléau de Dieu qui s'avance sur vous. Dieu, qui veut enfin vous réduire, suscite cette formidable armée pour vous signifier l'*ultimatum* qu'il pose tôt ou tard à toute société rebelle.

LE PRISONNIER.

Vous êtes bien au courant des des-scins de votre Dieu !

L'ÉLU.

Mon Dieu et le vôtre nous a donné la raison, pour nous faire connaître à temps ce qui doit infailliblement advenir de toute société où ses lois sont en mépris.

LE PRISONNIER.

Et cet *ultimatum* que le socialisme apporte à la société de la part de Dieu, vous le connaissez ?

L'ÉLU.

Oui, et le voici : CROIS OU MEURS.

FIN.

Sous presse pour paraître fin avril.

LOUIS XVII,

SA VIE, — SON AGONIE, — SA MORT.

CAPTIVITÉ

DE LA FAMILLE ROYALE AU TEMPLE,

OUVRAGE ENRICHI DE NOMBREUX AUTOGRAPHES

du Roi, de la Reine, du Dauphin, de la Dauphine et de Mme Élisabeth,

de dessins sur bois intercalés dans le texte,

ET ORNÉ

du Portrait en taille-douce de Louis XVII,

gravé d'après la miniature de Dumont, peintre de la Reine,
deux mois avant son entrée au Temple.

ET

du Portrait de Madame la Duchesse d'Angoulême,

gravé d'après l'original fait à Bâle d'après nature,
lors de son passage à sa sortie du Temple.

PAR M. A. DE BEAUCHESNE.

2 beaux vol. in-8°. — 16 fr.

Paris, Typographie Plon frères, rue de Vaugirard, 36.